Henriette Nagel

Zukunft war gestern

Henriette Nagel

Zukunft war gestern

Zeitreisemodelle im Film

MÜHLBEYER
FILMBUCHVERLAG

Bibliografische Information der Deutschen Nationalbibliothek:
Die Deutsche Nationalbibliothek verzeichnet diese Publikation in der Deutschen Nationalbibliografie; detaillierte bibliografische Daten sind im Internet über http://dnb.d-nb.de abrufbar.

Inh. Harald Mühlbeyer
Frankenstraße 21a
67227 Frankenthal
www.muehlbeyer-verlag.de

Lektorat, Gestaltung: Harald Mühlbeyer
Umschlagbild: © Henriette Nagel
Umschlaggestaltung: Steven Löttgers, Löttgers-Design Birkenheide

ISBN: 978-3-945378-08-3
Druck: BoD, Norderstedt
Printed in Germany

Inhalt

Dieses Buch ist allen Fans von Zeitreisefilmen gewidmet und einem im Besonderen:

Für Basti, der besser zuhören kann als Momo.

Danksagung

Ein herzliches Dankeschön an all die Menschen, die mir ihre Zeit geschenkt, mit mir über Parallelwelten, Zeitmaschinen und Drehbücher diskutiert und mir bei der Entstehung dieses Buches mit Rat und Tat zur Seite gestanden haben.

Meiner Familie danke ich, für eure liebevolle Unterstützung zu jeder Zeit. Besonders danke ich meiner Mutter, die immer für mich da ist, und meinem Vater, der mir beigebracht hat, was Selbstkonsistenz bedeutet.

Ich danke Basti für Unterstützung und Inspiration in Gegenwart, Vergangenheit und Zukunft.

Jens, Hanna und Mika danke ich für viele Zeitreise-DVDs und das häufige Verlängern meiner Leihfristen.

Stephan danke ich für den einmaligen intellektuellen Austausch.

Und ein herzlicher Dank an meine persönlichen Lektorinnen Lena, Biene und Gabi.

Henriette Nagel

Faszination Zeitreise

»Wenn ich das gewusst hätte!«

Wer hat sich nicht schon einmal gewünscht, seine Vergangenheit zu ändern? Noch einmal die Chance zu haben, alles besser zu machen? Sich nicht immer wieder mit »Was wäre wenn«-Fragen plagen zu müssen? Wenn ich für diese Prüfung besser gelernt hätte, diese eine Frage im Vorstellungsgespräch anders beantwortet und mein Geld auf eine andere Mannschaft gesetzt hätte? Und was wäre, wenn ich meiner Jugendliebe damals nicht so leichtfertig Lebewohl gesagt hätte? Ungenutzte Chancen, falsche Entscheidungen und verpasste Möglichkeiten gehören zum Leben dazu. Doch was wäre, wenn Sie eine Zeitmaschine zur Verfügung hätten? Eine Zeitmaschine, die es Ihnen erlauben würde, die Prüfung zu wiederholen, sich den Job mit einem brillanten Auftritt im Vorstellungsgespräch zu sichern, Millionen beim Wetten zu gewinnen und die Liebe Ihres Lebens für sich zu erobern? Eine wundervolle Vorstellung, nicht wahr? Doch leider machen uns Albert Einstein und Stephen Hawking wenig Hoffnung, dass eine Reise in die Vergangenheit tatsächlich möglich wäre. Und trotzdem träumt die Menschheit weiter von Zeitreisen, in Literatur, TV-Serien und besonders gerne auf der Kinoleinwand.

Im Jahr 1960 konnten die Kinobesucher beobachten, wie der Wissenschaftler George seine Zeitmaschine bestieg und eine weit entfernte Zukunft bereiste. Auch wenn George Pals DIE ZEITMASCHINE nicht der erste Zeitreisefilm war, gilt er doch als der Klassiker schlechthin und ist das Vorbild für viele weitere Filme, die dem Genre der Science-Fiction angehören. 25 Jahre später raste Marty McFly das erste Mal mit einem zur Zeitmaschine umgebauten DeLorean in die Vergangenheit und wieder Zurück in die Zukunft. Dieser Auftakt zur beliebtesten Zeitreise-Trilogie aller Zeiten war der größte Kinoerfolg des Jahres 1985. In den folgenden Jahren wurden nicht nur in Hollywood viele weitere Zeitreisefilme produziert. Rubinrot, nach dem Beststeller der deutschen Autorin Kerstin Gier, kam 2013 als deutsche Verfilmung in unsere heimischen Kinos. Zeitreisen in Kinofilmen haben eine lange Tradition und faszinieren die Kinobesucher immer wieder aufs Neue. Und Zeitreisen gehören längst nicht mehr nur dem Science-Fiction-Genre an, sondern finden sich auch in Fantasy Filmen (Harry Potter und der Gefangene von Askaban), romantischen Komödien (30 über Nacht) und Dramen (Die Frau des Zeitreisenden). Seit den 1950er Jahren steigt die Anzahl der produzierten Zeitreisefilme stetig an (siehe Abbildung Nr. 1). Allein in den letzten drei Jahren wurden weltweit vierzehn neue Zeitreisefilme produziert.[1]

Zeitreisen sind jedoch nicht nur der Fiktion in Film und Literatur vorbehalten. Auf Grundlage von Einsteins Relativitätstheorie haben sich viele Astro-Physiker wie Stephen Hawking und Igor D. Novikov mit der tatsächlichen Möglichkeit von Zeitreisen beschäftigt. Auch wenn sich die meisten Physiker einig sind, dass Zeitreisen in die Vergangenheit unmöglich sind, haben einige von ihnen Zeitreisemodelle entwickelt, die sich mit den theoretischen Konsequenzen von Zeitreisen in die Vergangenheit befassen. Diese Zeitreisemodelle finden sich in den meisten Zeitreisefilmen wieder und beeinflussen die narrativen Strukturen dieser Werke.

---

1 Webseiten mit Listen von Zeitreisefilmen:
http://www.toptimetravelmovies.com/alphabetical_list.cfm, Zugriff am 3.06.2014, 13:56 Uhr.
http://www.aetherco.com/timelinks/timevideo-thebiglist.html, Zugriff am 3.06.2014, 16:16 Uhr
http://www.timetravelreviews.com/movies_list.html, Zugriff am 3.06.2014, 14:03 Uhr
http://www.dasfantastischemagazin.de/index.php?link=42_zeitreisenfilme_2, Zugriff am 3.06.2014, 16:20 Uhr.

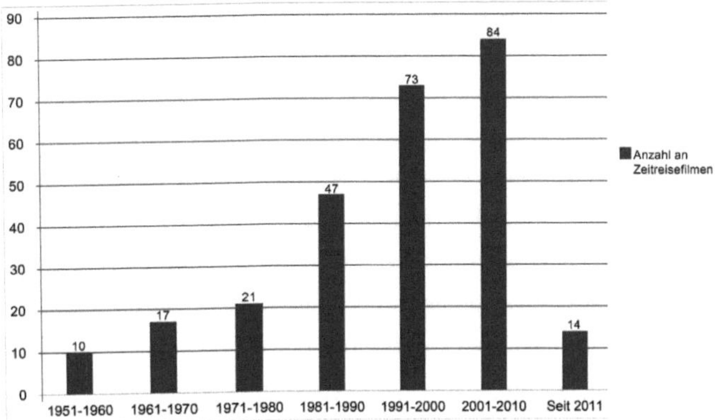

Abb. 1: Anzahl an Zeitreisefilmen 1951-2014

Dieses Buch beschäftigt sich mit den verschiedenen Möglichkeiten, Zeitreisen in Kinofilmen umzusetzen. Wir begegnen Zeitmaschinen, Schwarzen Löchern, Gendefekten und Magie. Doch bevor wir uns einigen dieser großartigen Zeitreisefilme widmen, werfen wir zunächst einen Blick auf den aktuellen Erzähltrend im zeitgenössischen Kino.[2]

2 Teile der folgenden Kapitel »Narrative Strukturen in zeitgenössischen Kinofilmen«, »Zeitreisemodelle« und »Harry Potter und der Gefangene von Askaban« erscheinen auch in: Henriette Nagel: Zeitreisen in HARRY POTTER AND THE PRISONER OF AZKABAN. In: Harry Potter Intermedial. Untersuchungen zu den (Film-)Welten von Joanne K. Rowling. Hrsg. von Tobias Kurwinkel, Philipp Schmerheim und Annika Kurwinkel. Würzburg: Königshausen & Neumann 2014.

Narrative Strukturen in zeitgenössischen Kinofilmen

Die Art und Weise, wie eine Geschichte erzählt wird, beeinflusst die Wahrnehmung und Interpretation der Handlung maßgeblich. Neben der erzählenden Literatur eignet sich das Medium Film besonders gut für komplexere Handlungen, da filmtechnische Mittel wie »flashbacks«[3] (Rückblenden) oder »flash-forwards«[4] (Vorausschauen) es erlauben, die Geschichte nicht mehr nur von Anfang bis Ende zu erzählen, sondern die linearen Ereignisketten aufzubrechen. In einem Film muss unterschieden werden zwischen der Story, der eigentlichen Handlung des Filmes, und dem Plot, den Ereignissen, die im Film tatsächlich gezeigt werden. Der Plot entscheidet, in welcher Reihenfolge die Ereignisse der Story dem Rezipienten (Zuschauer) gezeigt werden. Am Beispiel des Zeitreisefilmes BUTTERFLY EFFECT (Eric Bress, J. Mackye Gruber, USA 2004) lässt sich eine non-lineare Erzählstruktur gut erklären. Non-linear bedeutet in diesem Fall, dass eine Geschichte nicht

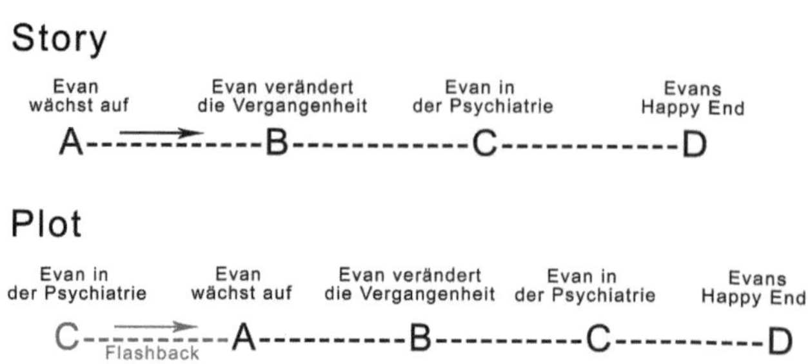

Abb. 2: Narrative Struktur in BUTTERFLY EFFECT

3 Vgl. David Bordwell, Kristin Thompson: Film Art: An Introduction. 8. Aufl. Boston: McGraw Hill, 2008. S. 80.

4 Vgl. ebd., S. 80.

in ihrer kausal-logischen Reihenfolge erzählt wird (ABC), sondern die Ereignisse in einer neu gewählten Reihenfolge präsentiert werden (beispielsweise CABC).[5]

Wie in Abbildung Nr. 2 dargestellt, werden die Ereignisse in Butterfly Effect nicht in ihrer eigentlichen Reihenfolge erzählt, sondern der Film beginnt mit einem Ereignis, das erst kurz vor dem Ende der Story stattfindet. Mittels eines »flashbacks« (13 Jahre früher) wird eine non-lineare Erzählstruktur erzeugt.

David Bordwell beschreibt in seinem Buch *Film Art: An Introduction*, dass in einem fiktional-narrativen Film, in dem raumzeitliche Ereignisketten im Ursache-Wirkung-Prinzip auftreten, lineare Erzählstrukturen bevorzugt werden.[6] Der aktuelle Forschungsdiskurs zum Thema neuer komplexer Erzählstrukturen im zeitgenössischen Kino zeigt, dass Filme immer häufiger vom klassischen Modell der Narration mit linearen Erzählstrukturen abweichen. Zeitreisefilme eignen sich besonders gut für die Anwendung komplexer Erzählweisen, da die Filmemacher mit wenigstens zwei Zeitebenen arbeiten können. Der Trend hin zu immer komplexeren Filmen korreliert also mit der größer werdenden Anzahl von produzierten Zeitreisefilmen (siehe Abbildung Nr. 1).

Unter anderem beschäftigen sich die Filmwissenschaftler Warren Buckland, Thomas Elsaesser und David Bordwell mit neuen Erzählweisen in zeitgenössischen Kinofilmen. Sie haben verschiedene Filmkategorien erarbeitet, die hier kurz vorgestellt werden: Der von Buckland verwendete Begriff des »Puzzle Films«[7] bezeichnet Filme, in denen den Zuschauern ein verwirrendes Puzzle, ein komplexes Rätsel präsentiert

5 Vgl. ebd., S. 57.
6 Vgl. ebd., S. 75.
7 Vgl. Warren Buckland: Introduction: Puzzle Plots. In: Puzzle Films. Complex Storytelling in Contemporary Cinema. Hrsg. Von Warren Buckland. Chichester, West Sussex, U.K.: John Wiley & Sons, 2009. S. 3.

wird, das es zu lösen gilt. Ein Beispiel für einen solch komplexen »Puzzle Film« ist wiederum der Zeitreisefilm Butterfly Effect, in dem das Leben des Protagonisten durch Zeitreisen in die Vergangenheit immer wieder verändert wird. So wird der Zuschauer konstant herausgefordert, die immer neuen Ereignisketten nachzuvollziehen.

Der von Thomas Elsaesser geprägte Begriff des »Mind-Game Film«[8] bezeichnet hingegen Filme, in denen mit der Filmwahrnehmung des Rezipienten gespielt wird oder Filme, in denen mit den Charakteren in der Handlung selbst gespielt wird. Dabei sind die Hauptcharaktere in einem »Mind-Game Film« häufig psychisch instabil oder gar geisteskrank, wie der Protagonist in David Finchers Fight Club (USA 1999), der eine multiple Persönlichkeit besitzt. Auf den Film Donnie Darko (Richard Kelly, USA 2001) treffen beide Definitionen des »Mind-Game Films« zu. In diesem Film wird mit der Filmwahrnehmung des Rezipienten gespielt, dem nicht klar ist, ob Donnies Visionen real sind oder seiner labilen Psyche entspringen. Auch Donnie Darko ist ein Zeitreisefilm. Bucklands und Elsaessers Filmkategorien »Puzzle Film« und »Mind-Game Film« werden in dem Sammelband *Puzzle Films – Complex Storytelling in Contemporary Cinema* beschrieben, in dem auch David Bordwells Begriff der »Multiple-Draft narratives« aus seinem 2002 erschienen Aufsatz *Film Futures*[9] aufgeführt wird. Unter »Multiple-Draft narratives« wird ein Film verstanden, der verschiedene Versionen des gleichen Handlungsstranges nacheinander zeigt, wie beispielsweise in Tom Tykwers Lola rennt (1999).

8 Thomas Elsaesser: The Mind-Game Film. In: Puzzle Films. Complex Storytelling in Contemporary Cinema. Hrsg. von Warren Buckland. Chichester, West Sussex, U.K.: John Wiley & Sons, 2009. Seite 13.

9 David Bordwell: Film Futures. In: SubStance 31 (1. 2002), S. 88–104.

Zeitreisemodelle

Eine Kausalitätsverletzung entsteht, wenn eine Kausalkette (Ereignis A führt zu Ereignis B, Ereignis B führt zu Ereignis C, etc.) durchbrochen wird. Reist jemand in der Zeit zurück zu Ereignis B und verändert dieses, kann Ereignis C nicht mehr stattfinden und es entsteht eine Kausalitätsverletzung. Die folgenden von Astrophysikern entwickelten Zeitreisemodelle behandeln die Problematik von Kausalitätsverletzungen bei Reisen in die Vergangenheit und deren mögliche Lösung.

Das Großvater-Paradoxon

Das am häufigsten angeführte Beispiel für die Problematik von Kausalitätsverletzungen bei Zeitreisen in die Vergangenheit ist das so genannte »Großvater-Paradoxon«[10]. Die Physiker Stephen Hawking, J. Richard Gott und Igor Novikov, um nur einige zu nennen, thematisieren das »Großvater-Paradoxon« (auch »Großmutter-Paradoxon«[11] genannt) in diversen Fachbeiträgen zum Thema Zeitreisen.

Das Szenario ist folgendes: Der Zeitreisende reist in die Vergangenheit und tötet seinen Großvater vor der Zeugung seines Vaters. Diese Vorstellung ist paradox, da der Zeitreisende in dem Fall, dass sein Großvater getötet wurde, selbst nie geboren werden würde und

10 Stephen Hawking: Das Universum in der Nussschale. o.O., Hoffmann und Campe, 2001. S.144 ff.

11 J. Richard Gott: Zeitreisen in Einsteins Universum. Reinbek bei Hamburg: Rowohlt-Taschenbuch-Verlag, 2003. S. 20.

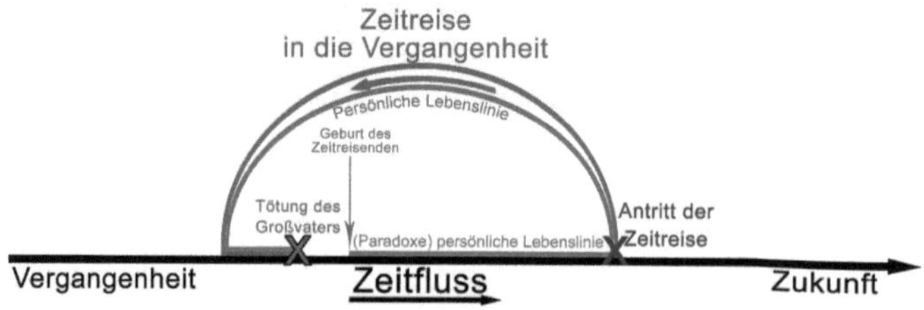

Abb. 3: Zeitreisestruktur Großvater-Paradoxon

somit nie die Zeitreise hätte antreten können, um seinen Großvater zu töten.

Abbildung Nr. 3 stellt die Struktur einer Zeitreise dar, in deren Verlauf das Großvater-Paradoxon auftritt. Die persönliche Lebenslinie des Zeitreisenden beginnt mit seiner Geburt. Er verbringt sein Leben in der Gegenwart, seine Zeit läuft von der Vergangenheit in die Zukunft. Dann tritt er eine Reise in die Vergangenheit an und tötet während seines Aufenthaltes seinen Großvater, vor der Zeugung seines eigenen Vaters. Ab diesem Augenblick ist die persönliche Lebenslinie des Zeitreisenden paradox, da er nach der Tötung des Großvaters eigentlich nicht mehr existieren kann bzw. nie existiert haben dürfte.

Das selbstkonsistente Universum

Eine Lösung für dieses Paradoxon bietet das Modell des selbstkonsistenten Universums, wobei »Konsistenz« aus den lateinischen Wortbestandteilen »con« = zusammen und »sistere« = halten zusammengesetzt ist. Das selbstkonsistente Universum kann also verstanden werden als ein »sich-selbst-zusammen-haltendes Universum«. Das

»Self-Consistency Principle«[12] stammt von dem russischen Physiker Igor D. Novikov. Mit seinem Billardkugel-Experiment hat er bewiesen, dass Kausalitätsverletzungen und Paradoxa nicht durch Reisen in die Vergangenheit ausgelöst werden können: Eine Billardkugel wird in ein Wurmloch eingelocht, welches die Kugel in die Vergangenheit befördert, wo sie auf ihre jüngere Version trifft und diese durch eine Kollision eigentlich davon abhalten soll, in die Zeitmaschine zu gelangen. Doch allen Kugelbahnberechnungen zum Trotz ist es nicht möglich, dass die zeitreisende Kugel ihr jüngeres Selbst vom Kurs abbringt, die Zeitreise so verhindert und ein Paradoxon heraufbeschwört – der Zusammenstoß der zeitreisenden Kugel mit ihrem früheren Selbst wäre schon immer Teil ihrer Vergangenheit gewesen und würde sich wieder und wieder wiederholen. (nachzulesen in Novikovs Buch *The River of Time*).

In einem solchen selbstkonsistenten Universum ist eine Zeitreise möglich, in der auch (vermeintliche) Veränderungen der Vergangenheit vorgenommen werden können. Diese Veränderungen können jedoch keine Kausalitätsverletzungen hervorrufen. Die Kette von Ursache und Wirkung kann nicht durchbrochen werden. Alles, was der Zeitreisende in der Vergangenheit tut, ist bereits Teil eben dieser Vergangenheit. Die Ausgangssituation der Zeitreise wird immer wieder hergestellt.

Am Beispiel des »Großvater-Paradoxons« hieße das, der Zeitreisende könnte zwar versuchen seinen Großvater zu töten, doch es würde ihm nicht gelingen, da sein Großvater in diesem selbstkonsistenten Universum in der Vergangenheit nicht getötet wurde. Ein Paradoxon heraufzubeschwören ist in einem selbstkonsistenten Universum schlicht unmöglich.

---

12 Igor. D. Novikov: The River of Time. Cambridge: Cambridge University Press, 1998. S. 254.

In diesem Gedankenmodell ist es sogar vorstellbar, dass der Zeitreisende sich selbst die Zeitreise erst ermöglicht. In diesem Fall muss man sich eine Dauerschleife vorstellen: Vor der Zeitreise ist nach der Zeitreise!

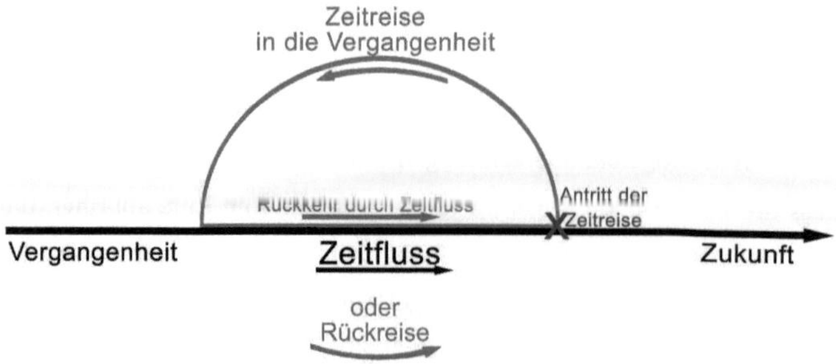

Abb. 4: Zeitreisestruktur im selbstkonsistenten Universum

Abbildung Nr. 4 veranschaulicht die Zeitreisestruktur in einem selbstkonsistenten Universum. Eine Person reist in die eigene, historisch nachvollziehbare Vergangenheit und kehrt (bei einer kurzen zeitlichen Distanz) im natürlichen Zeitfluss zurück in seine Gegenwart oder reist zurück. Bei der Rückkehr in die Gegenwart können keine Veränderungen vorhanden sein, denn die Zeitreise war bereits Teil der Vergangenheit. Der Zeitreisende kann keine Kausalitätsverletzungen hervorrufen. Das bedeutet, dass der Zeitreisende zwar vermeintlich Dinge verändern kann, diese Veränderungen aber immer schon Teil der Vergangenheit waren.

Ein Beispiel: Ein Mann hat eine Erkältung. Er entschließt sich, fünf Tage in die Vergangenheit zu reisen, um zu verhindern, dass er sich erkältet. Bei seiner Ankunft in der Vergangenheit schließt er alle Fenster in seiner Wohnung, um Zugluft zu vermeiden. Zurück in seiner Gegenwart ist der Zeitreisende dennoch erkältet. Wieso ist das so? Weil der Mann während seiner Zeitreise die Erkältungs-Viren in seinem eigenen Haus hinterlassen hat und so dafür gesorgt hat, dass sein fünf Tage jüngeres Ich sich bei sich selbst ansteckt. Nun mag man sich fragen, wo der Zeitreisende sich ursprünglich angesteckt hat. Und die Antwort lautet: bei sich selbst! In einem selbstkonsistenten Universum ist die Zeitreise immer Teil der Vergangenheit und muss in die Kausalkette von Anfang an miteinbezogen werden.

Die Rückkehr in die Gegenwart ist notwendig, um das Zeitreisemodell erkennbar zu machen. Wird die Ausgangssituation der Zeitreise nicht verändert, ist das Universum selbstkonsistent. Reisen in die Zukunft sind in einem selbstkonsistenten Universum ebenfalls möglich. Dabei wird der Zeitreisende eine Zukunft sehen, die unabänderlich feststeht.

Wenn in einem selbstkonsistenten Universum alles vorherbestimmt und unabänderlich ist, stellt sich die Frage nach dem freien Willen der Bewohner eines solchen Universums. Philosophisch lässt sich die Frage nach dem freien Willen der Menschen nicht eindeutig klären. Doch der Astrophysiker Brian Greene vertritt die Ansicht, dass die Menschen, wie die Billardkugeln in Novikovs Experiment, den gleichen quantenphysikalischen Gesetzen unserer Welt unterliegen[13]. Die Summe unserer Teilchen bestimmt unser gesamtes Handeln. Der freie Wille ist somit in einem selbstkonsistenten Universum reine Illusion.

13 Vgl. Brian Greene: Der Stoff, aus dem der Kosmos ist. Raum, Zeit und die Beschaffenheit der Wirklichkeit. München, Siedler Verlag, 2004. S. 509 ff.

Das Parallel-Universum

Eine weitere mögliche Lösung für das »Großvater-Paradoxon« ist die Vorstellung unzähliger Paralleluniversen, auch als »Viele-Welten-Interpretation«[14] oder »Multiversum«[15] bekannt. Die »Viele-Welten-Interpretation« ist ursprünglich eine Theorie der Quantenmechanik, die ebenso Anwendung in der Erforschung von Zeitreisen findet. Bei dieser Modellvariante ist es dem Zeitreisenden möglich, in der Vergangenheit seinen Großvater zu töten, ohne seine eigene Existenz zu gefährden.

Durch sein Eingreifen in die Vergangenheit spaltet sich eine parallele Zeitschiene, ein Paralleluniversum, vom ursprünglichen Zeitstrahl ab. In diesem Paralleluniversum ist der Großvater getötet worden und der Zeitreisende selbst wird nie geboren. Die Lösung des Paradoxons liegt in der Vorstellung, dass der Zeitreisende in seinem ursprünglichen Universum (in das er nun nicht mehr zurückkehren kann) geboren wurde und eine Zeitreise angetreten hat, die ihn in ein Parallel-Universum geführt hat. Jedes Parallel-Universum bleibt in sich konsistent. Sobald eine Kausalitätsverletzung entsteht, öffnet sich ein weiteres Universum. Der freie Wille des Zeitreisenden wird nicht in Frage gestellt, da durch sein Eingreifen in der Vergangenheit keine Paradoxa entstehen können. Er kann tun, was er will und öffnet mit jeder Handlung ein neues Universum.

---

14 Ebd., S. 511.
15 J. Richard Gott: Zeitreisen in Einsteins Universum. Hamburg, Rowohlt Taschenbuch Verlag, 2003. S. 194.

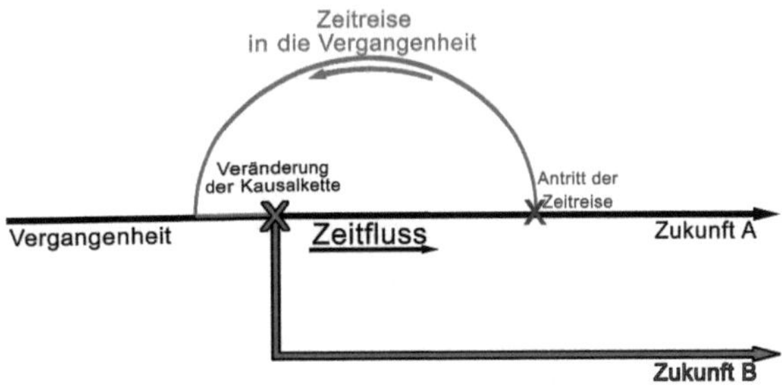

Abb. 5: Zeitreisestruktur im Parallel-Universum

Abbildung Nr. 5 zeigt die Struktur einer Zeitreise, in deren Verlauf ein Parallel-Universum geöffnet wird. Der Zeitreisende befindet sich zunächst im ersten, hier schwarz dargestellten, Universum, welches in Zukunft A führt. Er reist in der Zeit zurück und verändert etwas am Lauf der Dinge, die zu Zukunft A führen sollten. Durch dieses Ereignis spaltet sich ein Parallel-Universum ab, welches nun in Zukunft B führt.

Die Anwendung von Zeitreisemodellen in Kinofilmen

Wie wir gesehen haben, ist eine Zeitreise in die Vergangenheit an bestimmte Voraussetzungen gebunden, um Kausalitätsverletzungen zu vermeiden. Gerade in Filmen ist es wichtig, dass die Ereignisketten in sich logisch und nachvollziehbar sind, sonst ist das Rezeptionsvergnügen schnell dahin. Wie also werden die verschiedenen Modelle in Zeitreisefilmen umgesetzt? Welches Modell ist beliebter und werden Logikfehler wirklich immer umgangen? Betrachten wir zunächst solche Filme, denen das Modell des selbstkonsistenten Universums zugrunde liegt.

Selbstkonsistenz in Kinofilmen

Harry Potter und der Gefangene von Askaban

Der erste hier betrachtete Film ist die Fantasy-Literatur-Adaption Harry Potter und der Gefangene von Askaban von Alfonso Cuaròn. In diesem dritten Teil der *Harry Potter*-Heptalogie kehrt Harry zu seinem dritten Schuljahr nach Hogwarts zurück. Der berüchtigte Massenmörder Sirius Black ist aus dem Zauberergefängnis entkommen und scheinbar auf der Jagd nach Harry. Harry und seine Freunde Ron und Hermine decken jedoch die Wahrheit auf: Sirius Black ist unschuldig.

Die Verbrechen, die ihm zur Last gelegt wurden, hat ein anderer begangen. Um Sirius das Leben zu retten, machen Harry und Hermine mit Hermines magischem Zeitumkehrer eine Zeitreise, während derer sie die Hinrichtung des Hippogreifs (Fabelwesen, halb Pferd, halb Greifvogel) Seidenschnabel verhindern und es Sirius ermöglichen, auf dem Rücken des Hippogreifs zu fliehen.

Originaltitel:	HARRY POTTER AND PRISONER OF AZKABAN
Produktionsland:	UK
Produktionsjahr:	2004
Dauer:	136 Minuten
Verleih:	Warner Bros.
Regisseur:	Alfonso Cuaròn
Drehbuch:	Steve Kloves
Hauptdarsteller:	Daniel Radcliffe (Harry Potter), Emma Watson (Hermine Granger), Rupert Grint (Ron Weasley)
Produktion:	David Heyman, Chris Columbus, Mark Radcliffe

HARRY POTTER UND DER GEFANGENE VON ASKABAN spielt in einem selbstkonsistenten Universum. Erkennbar ist dies am Vorhandensein von mehreren Verknüpfungen zwischen zwei Zeitebenen. Diese Verknüpfungen werden in mehreren Szenen vor der Zeitreisesequenz dargestellt und sind dem Zuschauer zunächst rätselhaft. Erst während der Zeitreise erklären sich diese Verknüpfungen.

Derartige Überschneidungen der Zeitebenen sind nur in einem selbstkonsistenten Universum möglich, in dem die Konsequenzen der Zeitreise bereits vor Antritt der Zeitreise aktiv sind.

Der Zuschauer beobachtet Harry am Ufer des Sees. Er versucht vergeblich mit einem Patronus-Zauber die Dementoren (Wächter des Zauberergefängnisses) zu vertreiben, die ihn und seinen Paten Sirius einkreisen. Kurz bevor Harry das Bewusstsein verliert, sieht er auf der anderen Seite des Sees eine Person stehen, die einen mächtigen Patronus heraufbeschwört. Dieser Patronus verjagt die Dementoren und rettet Harry und Sirius so das Leben. Während der Zeitreise, die Harry und Hermine im Anschluss an das Ereignis am See unternehmen, klärt sich auf, dass Harry selbst den mächtigen Patronus heraufbeschworen hat. Er hat sich selbst durch die Zeitreise das Leben gerettet.

Ein solches Geschehen ist nur innerhalb eines selbstkonsistenten Universums möglich. In einem solchen können während einer Zeitreise nur Dinge verändert werden, die keine Kausalitätsverletzungen bewirken. Folglich war die Rettung durch den Patronus bereits Teil der Vergangenheit, bevor Harry die Zeitreise antrat. Auf diese Weise entsteht eine Dauerschleife, in der Harry sich immer wieder selbst das Leben rettet und so dafür sorgt, dass die Zeitreise stattfinden kann. Wo diese Dauerschleife ihren Ursprung hat, kann nicht geklärt werden. Es handelt sich um einen selbstkonsistenten, in sich geschlossenen Dauerkreislauf.

Abbildung Nr. 6 visualisiert die Zeitreisestruktur in Harry Potter und der Gefangene von Askaban.

Der Zuschauer beobachtet das Geschehen auf der ersten Zeit- bzw. Handlungsebene. Am Ufer des Sees rettet ein Patronus-Zauber Harry und Sirius vor den Dementoren. Wer den Zauber heraufbe-

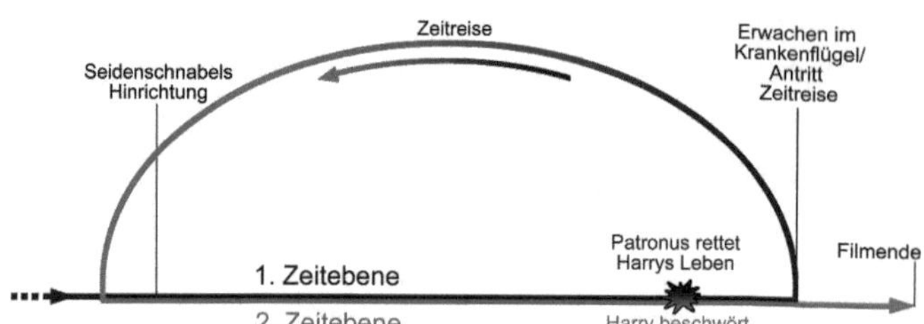

Abb. 6: Dauerkreislauf in Harry Potter und der Gefangene von Askaban

schworen hat, ist nicht zu sehen. Nach diesem Ereignis erwacht Harry im Krankenflügel und unternimmt mit Hermine eine Zeitreise, die sie drei Stunden in die Vergangenheit führt. Während der Zeitreise beschwört Harry selbst den Patronus. Harry und Hermine kehren durch den natürlichen Zeitfluss wieder auf die erste Zeitebene zurück. Zurück im Krankenflügel beobachten sie, wie ihre anderen Ichs Hermines Zeitumkehrer benutzen und sich scheinbar in Luft auflösen.

Abbildung Nr. 7 illustriert die beiden Zeit- bzw. Handlungsebenen in HARRY POTTER UND DER GEFANGENE VON ASKABAN.

Die beiden Ebenen werden durch vier Berührungspunkte miteinander verbunden:

Den ersten Berührungspunkt stellen die durch Hagrids Fenster fliegenden Steine dar. Während Harry, Ron und Hermine bei Hagrid sind und ihm vor Seidenschnabels Hinrichtung Mut machen wollen, fliegen plötzlich zwei Steine durch das offene Fenster. Harry dreht sich um, um den Urheber der fliegenden Steine auszumachen. Dabei

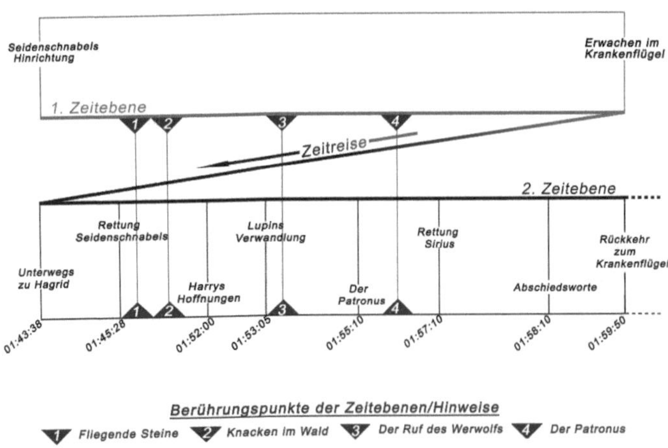

Abb. 7: Berührungspunkte der zwei Zeitebenen in HARRY POTTER UND DER GEFANGENE VON ASKABAN

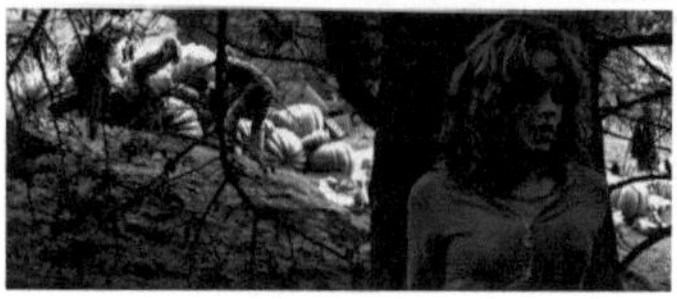

Abb. 8: Hermine verursacht das Knacken im Wald (Harry Potter und der Gefangene von Askaban).

entdeckt er, dass der Zaubereiminister, Professor Dumbledore und der Henker bereits auf dem Weg zur Hütte sind und sich die drei Freunde schleunigst auf den Weg machen müssen, da sie zu so später Stunde nicht mehr auf dem Gelände sein dürfen. Während der Zeitreise begeben sich Harry und Hermine wieder zu Hagrid und erkennen, dass sie Seidenschnabel retten können. Sie beobachten sich selbst auf der ersten Zeitschiene in Hagrids Hütte und wundern sich, dass sie nicht gehen, obwohl die Ausschussmitglieder bereits auf dem Weg zur Hütte sind. Daraufhin wirft Hermine die zwei Steine. Als sie sehen, dass ihre anderen Ichs die Hütte verlassen, verstecken sie sich im Wald.

Der zweite Berührungspunkt folgt sehr schnell, als Hermine auf der ersten Zeitschiene, nachdem sie Hagrids Hüte verlassen haben, ein Knacken im Wald hört. Urheberin des Geräusches ist sie selbst auf der zweiten Zeitschiene. Während sie sich mit Harry hinter Bäumen versteckt, schiebt sie einen Ast beiseite und begutachtet die Frisur ihres zweiten Selbst, wobei sie versehentlich einen Ast zerbricht.

Auch für die dritte Verknüpfung ist Hermine verantwortlich. Auf der ersten Zeitschiene ist ein vermeintlicher Werwolf-Ruf zu hören, als Professor Lupin Harry angreifen will. Dass der Urheber ein Mensch ist und kein Werwolf, kann aufgrund des unterschiedlichen Klangs der Rufe bereits vermutet werden. Als Harry und Hermine Professor Lupins Verwandlung auf der zweiten Zeitebene beobachten, stößt Hermine den vermeintlichen Werwolf-Ruf aus, der Professor Lupin veranlasst, von Harry auf der ersten Zeitschiene abzulassen und in den Wald zu laufen. Im Unterricht hatte Hermine gesagt, dass ein Werwolf

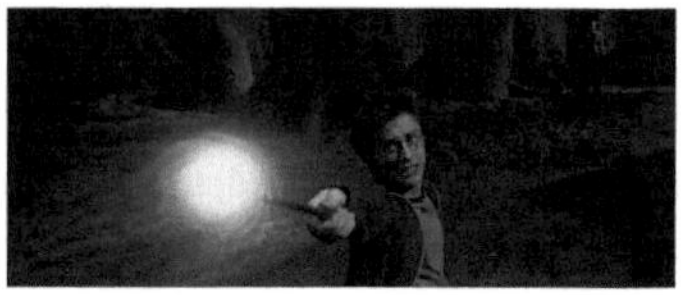

Abb. 9: Harry beschwört den Patronus herauf (Harry Potter und der Gefangene von Askaban).

nur den Rufen anderer Werwölfe folge.

Der Patronus, der Harry und Sirius am Ufer des Sees vor den Dementoren rettet, ist der vierte und letzte Berührungspunkt der beiden Zeitebenen. Auf der ersten Zeitschiene versucht Harry mit einem Patronus die Dementoren von sich und Sirius fernzuhalten, doch sein Zauber ist nicht stark genug. Als die Dementoren sich zu ihrem endgültigen Angriff formieren, erblickt Harry einen Patronus in Gestalt eines silbernen Hirsches auf der anderen Uferseite. Der Hirsch-Patronus bricht in große Lichtwellen auf, ein sehr starker Zauber, der die Dementoren verjagt. Harry erblickt, kurz bevor er das Bewusstsein verliert, die Person, die den Patronus herauf beschworen hat, kann sie jedoch nicht genau erkennen. Auf der zweiten Zeitschiene beobachten Harry und Hermine den Angriff der Dementoren von der anderen Seeseite aus. Harry ist überzeugt, in der Person, die den Patronus bewirkt hat, seinen Vater erkannt zu haben. Erst als Hermine ihm zuruft, dass er und Sirius sterben werden, erkennt Harry seinen Irrtum und läuft zum Ufer, um den Patronus selbst zu beschwören.

Das Modell des selbstkonsistenten Universums ermöglicht in Harry Potter und der Gefangene von Askaban eine non-lineare Erzählstruktur. Denn die Ereignisse vor und während der Zeitreise finden aufgrund der Selbstkonsistenz zeitgleich statt. Der Film präsentiert die Ereignisse jedoch hintereinander, mit Ausnahme der vier Berührungspunkte.

Das Ursache-Wirkungs-Prinzip, welches Bordwell als elementar für narrative Filme erachtet, wird hier im Plot umgekehrt. Die Berührungspunkte werden im Film zwei Mal aus je zwei verschiedenen

Blickwinkeln gezeigt. Auf der ersten Zeit- bzw. Handlungsebene sieht der Zuschauer die Wirkung, jedoch nicht die Ursache. Der zweite Blickwinkel, aus Sicht der Zeitreisenden, zeigt die Ursache. Diese Anordnung der Ereignisse lässt den Zuschauer ein sogenanntes »Aha-Erlebnis« erfahren.

Der deutsche Psychologe Karl Bühler definierte ein »Aha-Erlebnis« wie folgt:

> *»Ein eigenartiges im Denkverlauf auftretendes lustbetontes Erlebnis, das sich bei plötzlicher Einsicht in einen zuerst undurchsichtigen Zusammenhang einstellt.«* [16]

16 Karl Bühler: Tatsachen und Probleme zu einer Psychologie der Denkvorgänge. Über Gedanken. Archiv für Psychologie 9, 1907. S. 297-365.

Die Frau des Zeitreisenden

Ein weiterer Film, der das Modell des selbstkonsistenten Universums nutzt, ist Robert Schwentkes Die Frau des Zeitreisenden (USA 2009).

Henry DeTamble leidet an einem bislang unbekannten Gendefekt, der bewirkt, dass er unkontrolliert durch die Zeit reist. Er hat keinen Einfluss darauf, wann und wohin er reist und zu welchem Zeitpunkt er zurückkehren wird. Er und seine Frau Claire versuchen mit Hilfe eines Arztes, die Zeitsprünge unter Kontrolle zu bringen. Doch als Henry auf einer seiner Zeitreisen seinen eigenen Tod beobachtet, erkennt er, dass er seinem Schicksal nicht entfliehen kann.

Originaltitel:	The Time Traveler' s Wife
Produktionsland:	USA
Produktionsjahr:	2009
Dauer:	108 Minuten
Verleih:	Warner Bros.
Regisseur:	Robert Schwentke
Drehbuch:	Bruce Joel Rubin
Hauptdarsteller:	Eric Bana (Henry), Rachel McAdams (Claire)
Produktion:	Nick Wechsler, Dede Gardner

Das Zeitreisemodell kann bereits ganz zu Beginn des Filmes erkannt werden. Der Zuschauer sieht Henrys ersten Zeitsprung. Er sitzt mit seiner Mutter im Auto und löst sich plötzlich in Luft auf. Er taucht zwei Wochen zuvor in seinem Wohnzimmer wieder auf und sieht zu, wie seine Eltern ihm vorlesen. Dann springt er zurück in die Gegenwart und sieht, wie das Auto seiner Mutter, in dem er selbst noch vor wenigen Augenblicken gesessen hat, von einem Lastwagen erfasst

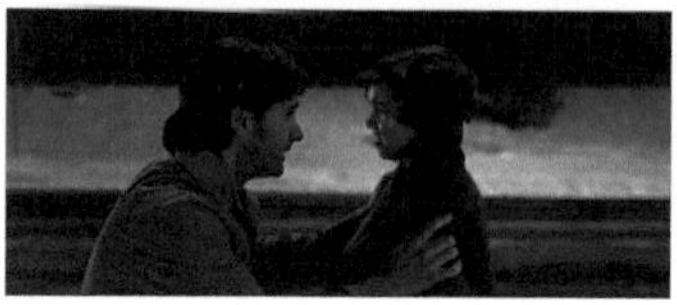

Abb. 10: Henry begegnet seinem Kinder-Ich (Die Frau des Zeitreisenden).

wird. Gleich darauf kommt ein Mann zu ihm und legt ihm eine Decke um. Er sagt ihm, dass er nichts tun könne und dass alles gut werde. Er sei sein älteres Ich aus der Zukunft.

Der Zuschauer beobachtet zunächst das Kind Henry und erlebt das Geschehen aus dessen Perspektive. Als dann der erwachsene Henry auftaucht, begleitet der Zuschauer ihn zurück in dessen Gegenwart. Der erwachsene Henry hat als Kind genau diesen Moment erlebt. Und das Kind Henry wird später als Erwachsener selbst in der Zeit zurückspringen und sein Kinder-Ich trösten. Es handelt sich um eine selbstkonsistente Schleife.

Der sicherste Hinweis darauf, dass es sich in Die Frau des Zeitreisenden um ein selbstkonsistentes Universum handelt, ist Henrys Beziehung zu seiner Frau Claire. Claire kennt Henry seit ihrer Kindheit, da seine Zeitsprünge ihn oft zu ihr führen. Als der Erwachsene Henry Claire das erste Mal begegnet, erkennt er sie nicht, da er die Zeitreisen in Claires Kindheit und Jugend noch nicht unternommen hat. Nach jeder Reise in Claires Kindheit erzählt Henry bei seiner Rückkehr der erwachsenen Claire von ihrer Begegnung. Claire erinnert sich an jeden seiner Besuche und auch daran, worüber sie als Kind mit ihm gesprochen hat und was während seiner Besuche geschehen ist. Für Claire sind Henrys Besuche Teil ihrer Vergangenheit. Für Henry haben diese Begegnungen, als er Claire als Erwachsener kennenlernt, noch nicht stattgefunden. Henry kann den Verlauf seiner Besuche nicht bestimmen, da alles bereits geschehen ist.

Henrys Zeitsprünge finden innerhalb eines selbstkonsistenten Universums statt, in dem der Zeitfluss komplett vorgegeben ist, sowohl die Vergangenheit als auch die Zukunft. Bei seinen Zeitsprüngen in die Zukunft begegnet Henry zum Beispiel seiner in der Gegenwart noch nicht geborenen Tochter und er beobachtet seinen eigenen Tod. Beides sind unabänderlich feststehende Ereignisse.

Abbildung Nr. 11 zeigt beispielhaft die Struktur von Henrys Zeitreisen. Henry reist in die Zukunft. Dort verlebt er eine gewisse Zeit bis er wieder zurückspringt. In seiner Gegenwart verweilt er, bis er eine Reise in die Vergangenheit macht. Die Zeit, die Henry in der jeweils anderen Zeitebene verbringt, läuft in der Gegenwart ebenso weiter. Verbringt er zwei Tage in einer anderen Zeit, sind bei seiner Rückkehr auch zwei Tage in der Gegenwart vergangen.

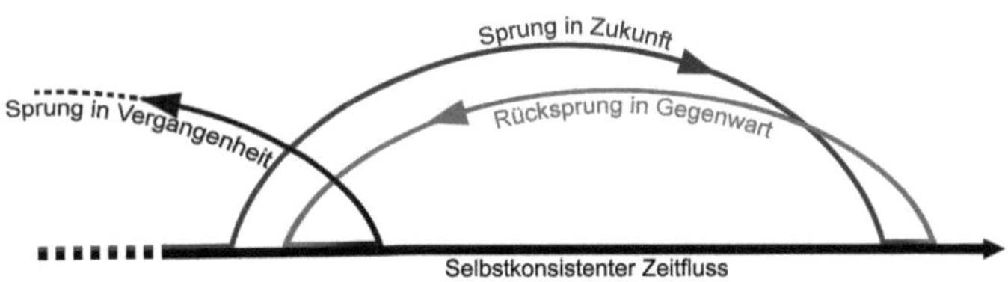

Abb. 11: Visualisierung beispielhafter Zeitreisen in Die Frau des Zeitreisenden

Henry kann nicht entscheiden, wann und wohin er reist, und auch nicht, wann er zurückkehren wird. Er kann nicht ändern, was bereits passiert ist und kann nicht verhindern, was noch geschehen wird. In Die Frau des Zeitreisenden beobachtet Henry während eines Zeitsprunges seinen eigenen Tod. Er sieht sich selbst angeschossen auf dem Boden seines Hauses liegen, seine Frau und seine Tochter halten ihn im Arm. Der Zeitreisende Henry steht draußen vor dem Haus und beobachtet die Szene durch das Fenster. Als er wieder zurück in seine Gegenwart springt, bleibt sein Handabdruck am Fenster noch kurze Zeit sichtbar. Als Henry später angeschossen von einem Zeitsprung in sein Haus zurückkehrt und stirbt, schwenkt die Kamera zum Fenster und zeigt den langsam verblassenden Handabdruck des Henry, der gerade seinen Tod beobachtet hat. Aufgrund des Modells des selbstkonsistenten Universums kann ein anderer Ausgang der Geschichte nicht erzählt werden. Der Drehbuchautor Bruce Joel Rubin musste sich, um Logikfehler zu vermeiden, an dieses Modell halten. Ab dem Moment, in dem Henry seinen Tod sieht, steht dieser unabänderlich fest.

Der Plot in Die Frau des Zeitreisenden erzählt dabei die Geschichte in chronologischer Reihenfolge, nämlich so, wie die Protagonisten die Handlung selbst erleben. Die Überschneidungen der Ereignisse, wenn ein zukünftiger Henry in der Gegenwart des Henry landet, den der Zuschauer verfolgt, dienen als Vorschau auf noch bevorstehende Ereignisse in Henrys Zukunft. Die Handlung ist in chronologischer Erzählweise in sich logisch und entspricht dem Ursache-Wirkungs-Prinzip.

Bill und Teds verrückte Reise durch die Zeit

Die Teenager-Zeitreise-Komödie Bill und Teds verrückte Reise durch die Zeit (Stephen Herek, USA 1988) (im Folgenden Bill und Ted) handelt von zwei Freunden, die von ihrer eigenen Band träumen. Doch wenn sie nicht ein gelungenes Geschichtsreferat präsentieren können, wird Ted auf die Militärakademie geschickt und die beiden sehen sich nie wieder.

Hilfe bekommen sie von Rufus, der aus der Zukunft gekommen ist, um den Freunden eine zur Zeitmaschine umfunktionierte Telefonzelle zu bringen. Mit dieser können Bill und Ted durch die Zeit reisen und berühmte Personen aus allen geschichtlichen Epochen in ihre Gegenwart bringen, um so ihr Geschichtsreferat mit einer 1+ zu bestehen

Originaltitel:	Bill & Ted's Excellent Adventure
Produktionsland:	USA
Produktionsjahr:	1988
Dauer:	86 Minuten
Verleih:	Universal Studios
Regisseur:	Stephen Herek
Drehbuch:	Chris Matheson, Ed Solomon
Hauptdarsteller:	Keanu Reeves (Ted Logan), Alex Winter (Bill. S. Preston), George Carlin (Rufus)
Produktion:	Joel Soisson, Michale S. Murphey, Scott Kroopf

Bill und Teds Zeitreisen finden in einem selbstkonsistenten Universum statt.

Die insgesamt 15 Zeitreisen, die Bill und Ted während ihres Abenteuers unternehmen, müssten in einem nicht-selbstkonsistenten

Universum weitreichende Auswirkungen haben. Sie entführen Napoleon direkt vom Schlachtfeld, reißen Jeanne D`Arc aus einem Zwiegespräch mit Gott und schnappen sich Beethoven inmitten eines seiner Konzerte. Dennoch bleibt Bill und Teds Gegenwart stets dieselbe. Das Telefonbuch, in dem jedem historischen Ereignis eine Nummer zugeordnet ist, ändert sich nicht.

Den wichtigsten Beweis für das Modell eines selbstkonsistenten Universums in Bill und Ted liefert die Zukunft. In dieser Zukunft basieren die Werte der Gesellschaft auf der Musik von Bill und Teds Band, die nur gegründet werden kann, wenn die beiden das Referat bestehen. Diese Zukunft kann nur dann entstehen, wenn Bill und Teds Zeitreise erfolgreich ist. Und damit die Zeitreise überhaupt stattfinden kann, muss die Zukunft existieren, denn nur so können Bill und Ted die Zeitmaschine erhalten. Somit ist die Zeitreise mit all ihren Konsequenzen bereits Teil der Vergangenheit, aus deren kausalen Zusammenhängen sich die Zukunft entwickelt.

Ein weiteres Merkmal eines selbstkonsistenten Universums sind Hinweise auf die Zeitreise, bevor diese tatsächlich stattfindet. So begegnen Bill und Ted sich selbst, unmittelbar bevor sie zu ihrer ersten Zeitreise aufbrechen.

Sie werden von ihren anderen Ichs überredet, die Zeitreise anzutreten. An diesem Punkt entsteht eine Dauerschleife (siehe Abbildung 13). Bill und Ted werden nach ihrer Zeitreise auch ihren anderen Ichs begegnen, die die Zeitreise noch vor sich haben, und immer so fort.

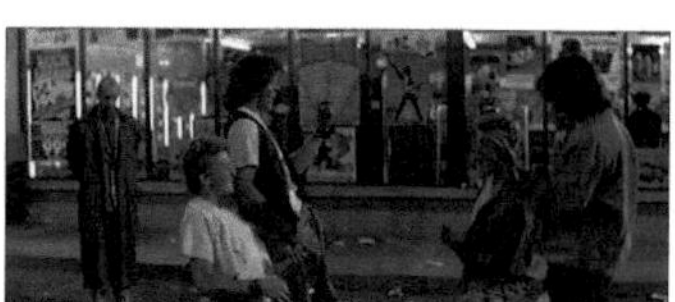

Abb. 12: Bill und Ted begegnen ihren zweiten Ichs (Bill und Teds verrückte Reise durch die Zeit).

Die Handlung in Bill und Ted wird in chronologischer Reihenfolge erzählt. Die Möglichkeiten eines selbstkonsistenten Universums werden jedoch ziemlich ausgereizt. Nachdem Bill und Ted ihre zahlreichen Zeitreisen hinter sich haben, werden alle historischen Personen, die sie aus der Vergangenheit mitgebracht haben, im Gefängnis festgehalten. Um sie zu befreien, brauchen Bill und Ted die Gefängnisschlüssel, die Teds Vater gehören. Leider hat Teds Vater seine Schlüssel wenige Tage zuvor verloren und Bill und Ted bleibt bis zu ihrem Referat keine Zeit mehr, um sie zu suchen. Also entschließen sie sich, einfach *nach* dem Referat ihre Zeitmaschine zu betreten und einige Tage in die Vergangenheit zu reisen, als Teds Vater seine Schlüssel noch hatte. Sie würden die Schlüssel stehlen und hinter einem Schild vor dem Gefängnis verstecken. Und siehe da! Genau dort liegen die Schlüssel. In einem selbstkonsistenten Universum ist eine solche Nutzung der Konsequenzen einer noch gar nicht angetretenen Zeitreise tatsächlich möglich, da alles bereits vorherbestimmt ist. Teds Vater hat seine Schlüssel nie verloren, sie wurden ihm von seinem Sohn gestohlen.

Auch das Telefonbuch, in dem jedem historischen und zukünftigen Ereignis eine Nummer zugeteilt ist, ändert sich nicht im Verlauf

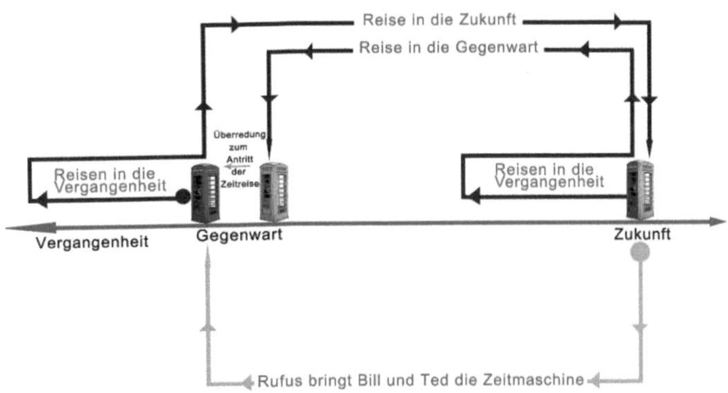

Abb. 13: Zeitreisestruktur in Bill und Ted

der Handlung. Bill und Ted wählen in ihrer Zeitreise-Telefonzelle eine Nummer und reisen dann durch die Schaltkreise der Geschichte zu dem gewünschten Ort, zur gewünschten Zeit. Alles ist vorherbestimmt. Die Spannung des Filmes wird aufgrund dieser Struktur auf ein Minimum reduziert. Der Zuschauer muss zu keinem Zeitpunkt fürchten, dass die Mission der Helden scheitern könnte, da sie ihren anderen Ichs nach Beendigung ihrer Mission wieder begegnen werden.

Twelve Monkeys

Fast die gesamte Menschheit wurde durch ein tödliches Virus in den Jahren 1996 und 1997 getötet. Die wenigen Überlebenden halten sich unter der Erde versteckt. Im Jahr 2035 haben Wissenschaftler eine Zeitmaschine erfunden und versuchen mittels gezielter Reisen in die Vergangenheit herauszufinden, woher das tödliche Virus kam und wie es bekämpft werden kann.

Originaltitel:	Twelve Monkeys
Produktionsland:	USA
Produktionsjahr:	1995
Dauer:	131 Minuten
Verleih:	Paramount Home Entertainment
Regisseur:	Terry Gilliam
Drehbuch:	David Webb Peoples, Janet Peoples
Hauptdarsteller:	Bruce Willis (James Cole), Brad Pitt (Jeffrey Goines), Madeleine Stowe (Kathryn Railly)
Produktion:	Robert Cavallo, Robert Kosberg

James Cole ist ein Inhaftierter, dem die Freiheit versprochen wird, wenn er in die Vergangenheit reist und möglichst viele Informationen über das Virus sammelt. Die Wissenschaftler erhoffen sich, mit Hilfe der Informationen an die Reinform des Virus zu gelangen und so ein Gegenmittel zu finden.

Cole leidet seit seiner Kindheit unter Alpträumen, in denen er beobachtet, wie ein Mann auf einem Flughafen erschossen wird.

Die Wissenschaftler spielen Cole eine Voicemail-Nachricht aus dem Jahr 1996 vor. Die Nachricht lautet, dass die Armee der Twelve Monkeys für alles verantwortlich sei. Aufgrund dieser Nachricht versuchen die Wissenschaftler Cole in das Jahr 1996 zu schicken, wo er die Armee der Twelve Monkeys ausfindig machen soll. Da die Wissenschaftler die Zeitmaschine jedoch noch nicht genau kontrollieren können, landet Cole im Jahr 1990 (Reise Nr. 1 in der Abbildung Nr. 14). Die Armee der Twelve Monkeys ist zu diesem Zeitpunkt noch nicht aktiv und Cole wird aufgrund seiner Schilderungen über die Zukunft und das Virus für geisteskrank erklärt und in eine Nervenheilanstalt gesperrt. Dort lernt er die Psychiaterin Dr. Kathryn Railly und den geistesgestörten Jeffrey Goines kennen. Nach einem gescheiterten Fluchtversuch aus der Nervenklinik holen die Wissenschaftler Cole zurück in das Jahr 2035 (Reise Nr. 2). Von dort aus schicken sie Cole versehentlich auf ein Schlachtfeld im Ersten Weltkrieg, wo er eine Schussverletzung am Bein erleidet (Reise Nr. 3). Ohne eine Rückkehr in die Zukunft landet Cole schließlich im Jahr 1996 (Reise Nr. 4). Dort entführt er Dr. Kathryn Railly, die ihn aus dem Jahr 1990 wiedererkennt und ihn für geisteskrank hält. Cole zwingt Dr. Railly, ihn nach Philadelphia zu fahren, wo die Armee der Twelve Monkeys ihren Ursprung hat. Auf dem Weg hören die beiden in den Nachrichten von einem Jungen, der in einem Brunnen festsitzt. Cole erinnert sich an die Geschichte aus seiner Kindheit und erzählt Dr. Railly, dass der Junge sich nur in einem Stall versteckt.

Cole findet heraus, dass die Armee der Twelve Monkeys nun aktiv ist und dass ihr Anführer Jeffrey Goines ist, den er im Jahr 1990 in der Nervenklinik kennengelernt hat. Cole glaubt, dass er das tödliche

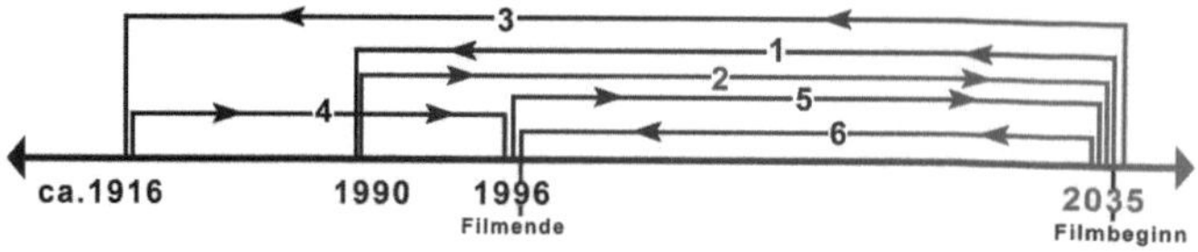

Abb. 14: Zeitreisestruktur in Twelve Monkeys

Virus aus dem Labor seines Vaters, eines bekannten Virologen, stehlen wird. Seine Bemühungen, von ihm das Virus in seiner Reinform zu erhalten, scheitern. Dr. Railly überzeugt Cole schließlich, dass er geisteskrank ist und die Zukunft nicht wirklich existiert. Sie entfernt ihm die Kugel aus seiner Schussverletzung. Als Cole unvermutet zurück in die Zukunft geholt wird (Reise Nr. 5), glaubt er selbst, sich in einer Scheinwelt zu befinden. Er überzeugt die Wissenschaftler, ihn zurück in das Jahr 1996 zu schicken (Reise Nr. 6).

Dort will er jedoch von Dr. Railly geheilt werden, da er selbst nicht mehr an seine Mission glaubt. Dr. Railly hingegen glaubt Cole inzwischen. In den Nachrichten wurde Coles Geschichte über den Jungen im Stall bestätigt. Dr. Railly hat die Kugel aus seinem Bein analysieren lassen und festgestellt, dass sie tatsächlich aus dem ersten Weltkrieg stammt. Als sie auch noch ein Foto von Cole in einem Buch über den ersten Weltkrieg findet, ist sie endgültig überzeugt, dass er wirklich aus der Zukunft kommt und seine Prophezeiung über die Virus-Epidemie sich bewahrheiten wird.

Als Cole wieder im Jahr 1996 auftaucht, muss Dr. Railly ihn überzeugen, dass seine Wahnvorstellungen doch real sind. Da sie nun glauben, dass das Virus bald ausbricht, wollen sie gemeinsam das Meer besuchen, welches Cole noch nie gesehen hat. Auf dem Weg zum Flughafen erfahren die beiden, dass die Armee der Twelve Monkeys alle Tiere aus dem Zoo freigelassen hat. Sie sind erleichtert, dass sie sich offenbar in den Absichten der Twelve Monkeys getäuscht haben, die nur sehr radikale Tierschützer sind. Um sicher zu gehen, ruft Dr. Railly schließlich die Telefonnummer an, mit der sich laut Cole die Wissenschaftler der Zukunft kontaktieren lassen. Als sich der Anrufbeantworter einer Teppichreinigungsfirma meldet, hinterlässt Dr. Railly aus Spaß die Nachricht über die Twelve Monkeys, die Cole in der Zukunft vorgespielt wurde. Cole erkennt, dass sie sich in Bezug auf das Virus und die Twelve Monkeys geirrt haben, und versucht durch einen zweiten Anruf Dr. Raillys Fehlbotschaft richtig zu stellen.

Auf dem Flughafen erkennt Dr. Railly schließlich Dr. Peters, einen Mitarbeiter von Goines' Vater. Sie begreift, dass er derjenige ist, der das tödliche Virus gestohlen hat und freisetzen will. Als Cole versucht ihn aufzuhalten, wird er von Sicherheitsbeamten erschossen. Dies ist die Szene aus Coles Träumen. Er selbst ist im Alter von acht Jahren mit seinen Eltern auf dem Flughafen gewesen und hat unwissentlich seinen eigenen Tod beobachtet, der ihn seither in seinen Alpträumen verfolgt.

Dr. Peters hat vor, alle größeren Städte zu bereisen, um das Virus möglichst schnell zu verbreiten. Die letzte Szene des Films zeigt, wie eine Wissenschaftlerin aus der Zukunft im Flugzeug mit Dr. Peters ein Gespräch beginnt, vermutlich in der Absicht, das Virus in der Reinform zu erhalten. Coles Bemühungen waren demnach nicht vergeblich und werden den Menschen in der Zukunft helfen, das Virus zu bekämpfen.

Die Selbstkonsistenz in TWELVE MONKEYS lässt sich vor allem durch Dr. Raillys Telefonanruf erklären. Die Wissenschaftler der Zukunft erklären Cole, dass es mehrere Aufzeichnungen gibt, sie bisher aber nur diese entschlüsseln und zusammenfügen konnten. Somit wird Dr. Raillys Anruf zum Auslöser für Coles Reise in die Vergangenheit. Sein eigener Anruf, den er nur kurze Zeit nach Dr. Railly getätigt hat, ist zu diesem Zeitpunkt in der Zukunft noch nicht fertig zusammengesetzt und steht somit nicht als Informationsquelle zur Verfügung (siehe Abbildung Nr. 15). Coles Handeln in der Vergangenheit (dass er Dr. Railly die Telefonnummer anrufen lässt) ist somit der Auslöser dafür, dass er überhaupt erst in die Vergangenheit geschickt wird.

Die Twelve Monkeys werden in der Zukunft für die Auslöser der globalen Epidemie gehalten, da Cole und Dr. Railly in der Vergangenheit Hinweise hinterlassen, die die Armee der Twelve Monkeys belasten (eben etwa Dr. Raillys Telefonanruf). Diese Hinweise hinterlassen die beiden jedoch nur, weil sie aufgrund der Informationen aus der Zukunft davon ausgehen, dass die Twelve Monkeys die Verursacher der globalen Epidemie sind. Diese Informationen wiederum beruhen auf den von Dr. Railly und Cole gelegten Hinweisen. Es handelt sich um einen selbstkonsistenten Kreislauf.

TWELVE MONKEYS ist sowohl ein Mind-Game-Movie als auch ein Puzzle-Film. Die Frage, ob Cole geisteskrank ist und die Zukunft möglicherweise gar nicht wirklich existiert, beschäftigt vor allem Cole selbst und Dr. Railly während der gesamten Handlung immer wieder. Auch der geistesgestörte Goines gibt mit seinem Verhalten einige Rätsel auf, bis schließlich klar wird, dass er nur ein sehr radikaler Tierschützer ist.

Die vielen, über die gesamte Handlung verstreuten Hinweise auf die Twelve Monkeys, Coles immer wiederkehrende Erinnerung an die Schießerei und der häufige Wechsel der Zeitebenen ergeben eine sehr komplexe Handlung, die TWELVE MONKEYS zu einem Puzzle-Film macht.

Der Film spielt mit Kurzschlüssen über die Zeiten hinweg, die als *self-fulfilling prophecy* fungieren – eine raffinierte Mischung aus

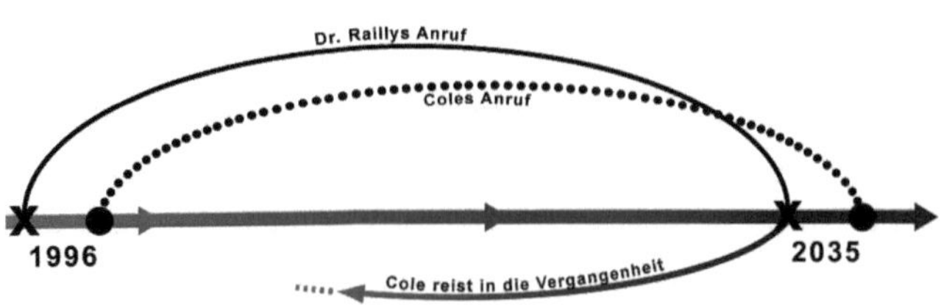

Abb. 15: Selbstkonsistenz in TWELVE MONKEYS

"MacGuffins" – der klassischen Definition nach der bloße Anstoß für eine Erzählung ohne eigentlichen Wert für die Handlung – und "Red Herrings", falschen Fährten: So dass man schließlich in der Zukunft glaubt, die Twelve Monkeys wären die Bösewichter, weil durch eben diesen Verdacht in der Vergangenheit Indizien gegen diese Gruppe hergestellt wurden, die ohne den Verdacht nicht entstanden wären, der wiederum auf diesen Indizien beruht – und alles ist eine falsche Fährte für die Wissenschaftler der Zukunft, für Cole und Railly.[17]

Und für den gewogenen Zuschauer, der in permanente gedankliche Verwirrung gestürzt wird, bis auch er für kurze Momente glauben mag, dass doch noch alles gut ausgeht. Doch das „Unhappy End“ ist aufgrund von James Erinnerungen vorprogrammiert und kann nicht verhindert werden.

Zwischenbilanz - Selbstkonsistenz in Kinofilmen

Das Modell des selbstkonsistenten Universums bietet viele Möglichkeiten, die Narration eines Filmes zu gestalten. In einem selbstkonsistenten Universum können Vorschauen auf noch bevorstehende Ereignisse gezeigt werden, ohne sonst übliche Mittel wie »flash-forwards« einzusetzen. Im Gegensatz zu Filmen, in denen Vorschauen auf der narrativen Ebene eingebettet sind, finden sie hier auf der handlungsinternen Ebene statt. Somit sind Filme, die in einem selbstkonsistenten Universum spielen, geradezu prädestiniert, um »Aha-Effekte« beim Publikum zu erzeugen, welche das Rezeptionsvergnügen erheblich beeinflussen können.

17 Vgl. dazu auch Harald Mühlbeyer: "Perception is a Strange Thing". Die Filme von Terry Gilliam. Marburg, Schüren Verlag, 2010, bes. S. 140 ff.

Parallel-Universen in Kinofilmen

Star Trek

Der Film handelt davon, wie der junge James T. Kirk zum Captain und Mr. Spock zum Commander der USS Enterprise werden.

Originaltitel:	Star Trek
Produktionsland:	USA
Produktionsjahr:	2009
Dauer:	127 Minuten
Verleih:	Paramount Home Entertainment
Regisseur:	J. J. Abrams
Drehbuch:	Alex Kurtzman, Roberto Orci
Hauptdarsteller:	Chris Pine (James Tiberius Kirk), Zachary Quinto (Spock), Eric Bana (Nero)
Produktion:	J. J. Abrams, Damon Lindelof

J.J. Abrams' Star Trek aus dem Jahr 2009 ist der einzige hier betrachtete Film, der das Modell des Parallel-Universums in seiner reinen Form anwendet.

Um eine merkwürdige Energie-Turbulenz im Weltraum zu untersuchen, fährt George Kirk mit seinem Raumschiff an besagten Ort. Dort angekommen wird er von einem anderen Schiff angegriffen, welches sich aus der merkwürdigen Energie-Formation löst. Er opfert sich selbst und rettet somit seine Besatzung, seine Frau und seinen in dieser Minute geborenen Sohn James Tiberius Kirk (späterer Captain der USS Enterprise). Die Energie-Turbulenz entpuppt sich als ein Schwarzes Loch, das ein Raumschiff aus der Zukunft in die Vergangenheit

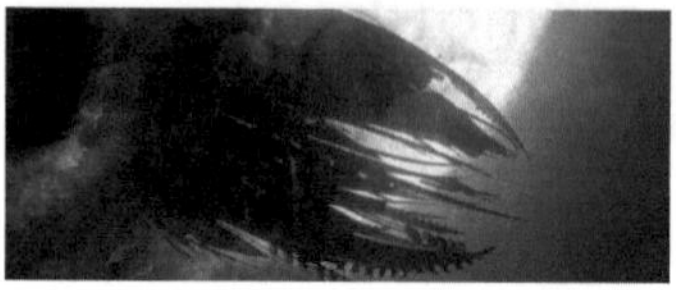

Abb. 16: Neros Raumschiff taucht aus dem Schwarzen Loch auf (STAR TREK).

und somit zu Kirks Raumschiff transportiert hat.

An Bord des Raumschiffes ist Nero, der in der Zukunft mit ansehen musste, wie sein Heimatplanet Romulus zerstört wurde. Durch die Zerstörung öffnete sich ein Schwarzes Loch, das ihn mitsamt seinem Raumschiff in die Vergangenheit brachte. James T. Kirk wächst ohne seinen Vater auf und entwickelt sich zu einem rebellischen jungen Mann, der trotz aller Widerstände seinen Platz in der Sternenflotte findet. Als Kirk gemeinsam mit Spock seine Ausbildung absolviert hat, trifft er auf Nero, der 25 Jahre lang auf ihn gewartet hat. Nero ist überzeugt, dass die Sternenflotte die Schuld an der Zerstörung seines Planeten trägt, und sucht Rache.

In der Zukunft wurde (ein älterer) Spock losgeschickt, um die Zerstörung Romulus' zu verhindern, doch er scheiterte und öffnete das Schwarze Loch. (Der ältere) Spock selbst wurde ebenfalls durch das Schwarze Loch gezogen und in die Vergangenheit geschickt. Er kam jedoch erst zu einem Zeitpunkt in der Vergangenheit an, als James T. Kirk bereits erwachsen war. Der ältere Spock, aus der Zukunft, hilft Kirk bei seiner Mission und Kirk und seiner Mannschaft gelingt es, Nero zu besiegen. Nach erfolgreich beendeter Mission begegnen sich der junge und der ältere Spock. Während ihres Gespräches prophezeit der ältere Spock seinem jüngeren Ich, dass er und Kirk zu sehr guten

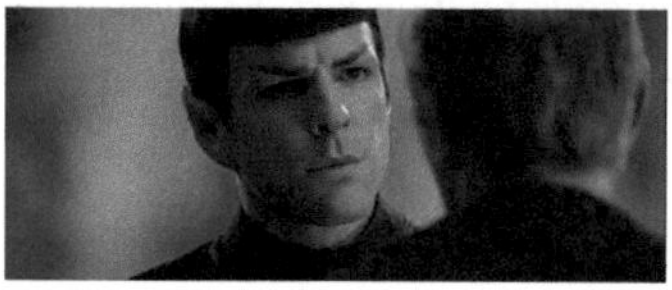

Abb. 17: Spock trifft auf sein älteres Ich (STAR TREK).

Freunden werden. Hier wird dem Zuschauer ein wenig Selbstkonsistenz vorgetäuscht, da Spocks Freundschaft mit Kirk in einem anderen Universum mit anderer

Ausgangssituation entstanden ist. Am Ende des Films wird James T. Kirk zum Captain der USS Enterprise ernannt und seine Mannschaft besteht aus denselben Personen wie in der Serie.

In Star Trek wurde ein Parallel-Universum geöffnet. Auch wenn die Mannschaft der USS Enterprise dieselbe ist wie in der uns bekannten Serie, handelt es sich um Personen aus einem anderen Universum. Es wurde eine alternative Vorgeschichte zur Serie geschaffen, die zu der uns bekannten Ausgangssituation führt, jedoch andere Handlungsebenen beinhaltet. Somit haben die Drehbuchautoren Alex Kurtzman und Roberto Orci sowie Regisseur J.J. Abrams eine neue Ausgangssituation erschaffen, die es ihnen ermöglicht, in weiteren Filmen neue Handlungen zu entwerfen, die nicht an die Kausalketten der Serie gebunden sind.

Abbildung Nr. 18 zeigt die Zeitreisestruktur in Star Trek. Der Film beginnt mit Neros Ankunft in der Vergangenheit, nachdem sein Planet in der Zukunft zerstört wurde und er durch das Schwarze Loch reiste. Der Film spielt ausschließlich im zweiten Universum. Alle Ereignisse, die im ersten Universum stattgefunden haben, werden im Film durch die Schilderungen des älteren Spock und Nero gezeigt. Die Serie spielt im ersten Universum, der Film im zweiten. Somit werden Kausalitätsverletzungen innerhalb der Handlung verhindert. Die Er-

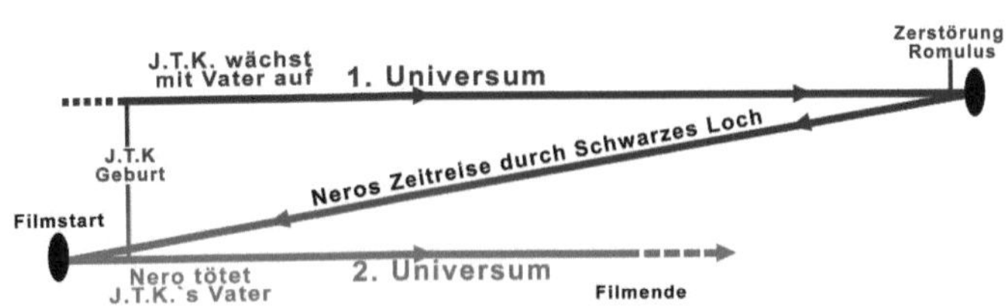

Abb. 18: Zeitreisestruktur in Star Trek

zählstruktur des Filmes orientiert sich an aufeinanderfolgenden Ereignissen und nutzt Rückblenden, um bestimmte Zusammenhänge zu erklären.

Die Kombination von Zeitreisemodellen

Ein Zeitreisemodell, das als Lösung des Großvater-Paradoxon dient, kann nur in seiner reinen Form auftauchen. Jedes Parallel-Universum ist in sich selbstkonsistent, weshalb sich durch eine Kausalitätsverletzung immer ein neues Parallel-Universum öffnet. In einem selbstkonsistenten Universum sind Kausalitätsverletzungen von vornherein ausgeschlossen. In beiden Modellen ist das Großvater-Paradoxon somit auf keinen Fall möglich. Doch viele Filme kombinieren die verschiedenen Zeitreisemodelle miteinander, um besondere narrative Strukturen zu erzeugen, auch wenn diese in Gedankenspielereien der Physik nicht denkbar sind. Betrachten wir nun einige dieser Filme und finden heraus, welche Modelle sie kombinieren und welche Auswirkung dies auf die narrative Struktur und die Logik des jeweiligen Filmes hat.

Déjà Vu – Wettlauf gegen die Zeit

Special-Agent Doug Carlin soll einen Terroristen überführen, der hunderte Menschen an Bord einer Fähre mit einer Bombe tötete. Seine Ermittlungen schließen auch den Tod der jungen Claire Kuchever ein, die zehn Minuten vor der Explosion an Land gespült wurde. Doug wird einer Sondereinheit zugewiesen, die mit Hilfe eines künstlichen Wurmlochs vier Tage in die Vergangenheit sehen kann. So kann er die lebende Claire beobachten und findet die Identität ihres Mörders her-

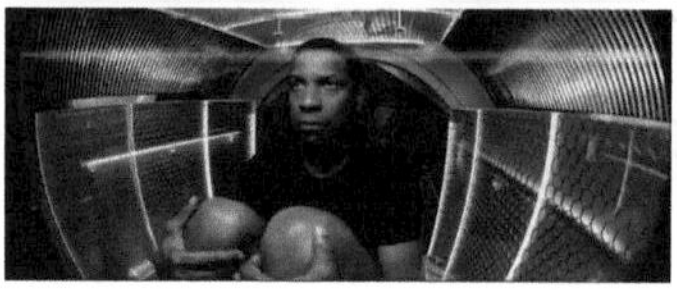

Abb. 19: Doug bereitet sich auf den Zeitsprung vor (Déjà Vu).

aus, der auch der Bombenleger ist. Der Attentäter wird in der Gegenwart verhaftet und für das FBI sind die Ermittlungen damit abgeschlossen. Doug kann sich mit Claires Tod jedoch nicht abfinden, da er weiß, dass sie in der Vergangenheit tatsächlich noch lebt. Mit Hilfe eines Kollegen von der Sondereinheit reist Doug vier Tage zurück und rettet Claires Leben.

Gemeinsam verhindern die beiden, dass die Bombe an Bord der Fähre explodiert, indem sie das Auto, in dem sich die Bombe befindet, ins Wasser steuern. Claire kann sich aus dem sinkenden Auto befreien, doch Doug stirbt bei der Bombenexplosion im Wasser. Kurz darauf taucht jedoch der Doug auf, der keine Zeitreise unternommen hat, um die für ihn fremde Claire zu vernehmen.

Originaltitel:	Déjà Vu
Produktionsland:	USA
Produktionsjahr:	2006
Dauer:	126 Minuten
Verleih:	Buena Vista Home Entertainment
Regisseur:	Tony Scott
Drehbuch:	Bill Marsilii, Terry Rossio
Hauptdarsteller:	Denzel Washington (Doug Carlin), Val Kilmer (Agent Pryzwarra), Paula Patton (Claire Kuchever)
Produktion:	Jerry Bruckheimer

Betrachtet man eine Zeitreisesequenz, kann anhand eines Vergleiches der Ausgangssituation ermittelt werden, ob es sich um ein selbstkonsistentes Universum oder Parallel-Universum handelt. Wird die Ausgangssituation der Zeitreise nicht wiederhergestellt, sondern verändert, kann es sich nur um ein Parallel-Universum handeln.

Der Film DÉJÀ VU beginnt mit einer Explosion an Bord einer Fähre, bei der mehrere hundert Menschen sterben. Der Film endet damit, dass die Bombe nicht an Bord, sondern im Wasser explodiert und nur der durch die Zeit gereiste Doug dabei ums Leben kommt. Dieser Umstand zeigt an, dass DÉJÀ VU in einem Parallel-Universum spielt.

Der Film nutzt jedoch auch Elemente des selbstkonsistenten Universums. Doug ist mit den Ermittlungen zur Explosion auf der Fähre und zum Tod der jungen Claire betraut. Dougs Kollege teilt ihm mit, dass eine Frau am Morgen vor der Explosion versucht habe, ihn zu erreichen. Doug ruft die Frau zurück und hinterlässt eine Nachricht auf ihrem Anrufbeantworter. Später untersucht Doug Claires Wohnung und findet seine eigene Nachricht auf ihrem Anrufbeantworter. Danach entdeckt er die Worte »U can save her« (»Du kannst sie retten«) aus Magneten geformt am Kühlschrank. Im Badezimmer und in der Küche liegen blutige Lappen und Verbandsmaterial.

Kurz darauf erfährt Doug von einem Kollegen der Spurensicherung, dass seine Fingerabdrücke überall in Claires Wohnung zu finden seien. Nachdem Doug in der Zeit zurück gereist war und Claires Leben gerettet hatte, gingen die beiden nämlich in Claires Wohnung. Dort hinterlässt Doug seine Fingerabdrücke und die Nachricht am Kühlschrank. Da er sich bei Claires Rettung eine Schussverletzung zugezogen hat, verarztet er sich mit Claires Verbandsmaterial. Claire glaubt Doug nicht, dass er ein Agent ist, und ruft in seinem Büro an, um sich Sicherheit zu verschaffen. Dabei hinterlässt sie ihre Telefonnummer bei Dougs Kollegen. Alle Hinweise, die Doug vor der Zeitreise in Claires Wohnung entdeckt, hinterlässt er dort selbst

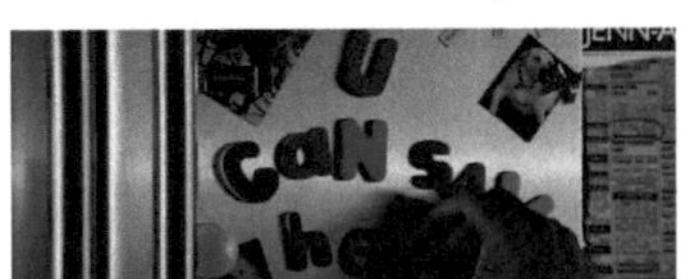

Abb. 20: Doug verschiebt die Kühlschrankmagnete in Claires Wohnung (DÉJÀ VU).

während der Zeitreise. Nur in einem selbstkonsistenten Universum ist es möglich, dass die Konsequenzen einer Zeitreise bereits vor Antritt der Zeitreise sichtbar sind. Da es sich in Déjà Vu aufgrund der Veränderung der Ausgangssituation definitiv um ein Parallel-Universum handelt, stellen die Hinweise vor Antritt der Zeitreise eine Vermischung mit dem Modell des selbstkonsistenten Universums dar. Eine solche Vermischung zweier sich gegenseitig ausschließender Zeitreisemodelle ist im physikalischen Sinn nicht möglich und bildet in Déjà Vu einen logischen Bruch innerhalb der Handlung. Diese undenkbare Kombination wirkt sich direkt auf die Erzählstruktur des Filmes aus.

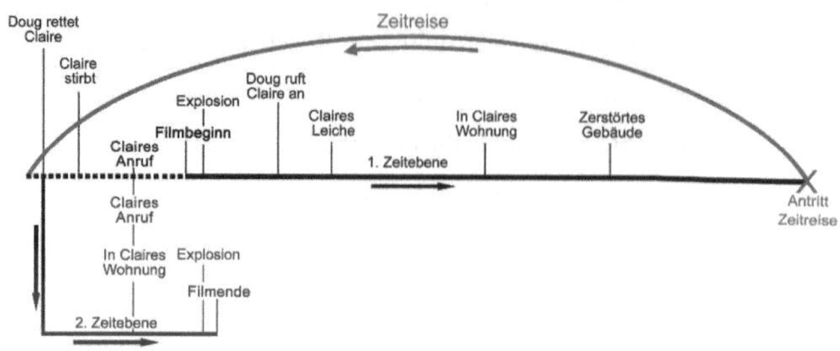

Abb. 21: Zeitreisestruktur in Déjà Vu

Abbildung Nr. 21 visualisiert die Zeitreisestruktur in Déjà Vu. Der Film beginnt kurz bevor die Bombe auf der Fähre explodiert. Auf der ersten Zeitebene erhält Doug von seinem Kollegen die Telefonnummer einer Frau, die am Morgen vor der Explosion versucht hat, Doug zu erreichen. Doug hinterlässt der Frau eine Nachricht auf Band. Anschließend untersucht er die Leiche einer Frau, die am Morgen vor der Explosion im Wasser gefunden wurde. Er untersucht danach die Wohnung der Frau und findet die bereits erwähnten Hinweise. Später verfolgt er mit der Mobileinheit der Zeitmaschine den Attentäter zu dessen Grundstück. In seiner Gegenwart ist das Gebäude dort zerstört und ein Krankenwagen steht in den Trümmern. Die Mobileinheit zeigt den unversehrten Zustand des Anwesens, wie es vor viereinhalb Tagen ausgesehen hat. Doug unternimmt die Zeitreise und rettet Claires Leben auf dem Anwesen des Attentäters. Dabei fährt er den Krankenwagen in das Gebäude. Claires Rettung ist das Ereignis, welches das Parallel-Universum öffnet. Auf der zweiten Zeitschiene (im Parallel-Universum) begeben sich Doug und Claire dann in Claires Wohnung, wo Doug die Hinweise hinterlässt und Claire Dougs Kollegen anruft. Claires Anruf, die Hinweise in Claires Wohnung und das zerstörte Gebäude waren bereits vor Antritt der Zeitreise Teil der Kausalkette der ersten Zeitschiene.

Im Gegensatz zum selbstkonsistenten Universum können die Konsequenzen einer Zeitreise vor ihrem eigentlichen Antritt in einem Parallel-Universum nicht aktiv sein. In Déjà Vu wurde ein zeitlich begrenztes, selbstkonsistentes Universum eingebaut. Alle Ereignisse, von Claires Rettung bis zu dem gemeinsamen Aufenthalt in ihrer Wohnung, sind selbstkonsistent. Alle Ereignisse, die vorher oder nachher stattfinden, sind nicht selbstkonsistent. Dass Doug die Hinweise in Claires Wohnung findet, ist ein wesentlicher Faktor für seine Entscheidung, in die Vergangenheit zu reisen.

Bordwell begreift eine Erzählung als eine Kette von Ereignissen im Ursache-Wirkungs-Prinzip[18]. Dieses Prinzip ist in Déjà Vu außer Kraft gesetzt. Doug erlebt zuerst die Auswirkung seiner Handlungen, die er erst während der Zeitreise vollzieht. Unter anderem veranlasst ihn seine Nachricht an sich selbst, die Kühlschrankmagnete, die die Worte »Du kannst sie retten« bilden, die Zeitreise anzutreten. Doug hinterlässt diese Nachricht während der Zeitreise. Doch er selbst stirbt kurz darauf und sein zweites Ich hat eigentlich keine Veranlassung,

18 Vgl. David Bordwell, Kristin Thompson: Film Art: An Introduction. 8. Aufl. Boston: McGraw Hill, 2008. S. 75.

Claires Wohnung zu betreten und die Nachricht zu lesen, da Claire in der neuen Realität überlebt hat. Regisseur Tony Scott hat die Besonderheit des selbstkonsistenten Universums genutzt, um eine Vorschau auf noch nicht stattgefundene Ereignisse in die Handlung einzubauen. So schuf er eine non-lineare Erzählweise. Aufgrund der Selbstkonsistenz haben die Ereignisse während der Zeitreise, Claires Rettung und Dougs Aufenthalt in Claires Wohnung, bereits stattgefunden, bevor Doug sie erlebt. Er sieht auf der ersten Zeitebene lediglich die Konsequenzen der ihm noch bevorstehenden Zeitreise, wobei die Selbstkonsistenz nur für die Ereignisse in Claires Wohnung gilt.

Déjà Vu ist ein »Puzzle Film« im Sinne Bucklands, in dem die Ereignisse in sehr komplexer und verwirrender Weise angeordnet sind. Bei genauer Betrachtung fällt jedoch auf, dass die Komplexität in sich nicht schlüssig ist. Die Kombination des selbstkonsistenten Universums und des Parallel-Universums führt hier zu einem Logikfehler.

Doug untersucht Claires Leiche. Ihr Tod wäre in einem selbstkonsistenten Universum eine unabänderliche Tatsache. Kurz zuvor erfährt Doug, dass eine Frau versucht hat, ihn telefonisch zu erreichen. Während der Zeitreise sieht der Zuschauer, wie Claire in Dougs Büro anruft, um seine Identität zu klären. Der Anruf erfolgt zu einem Zeitpunkt, an dem Claire schon hätte tot sein müssen. Kurz bevor Doug eine Nachricht auf Claires Anrufbeantworter hinterlässt, erfährt er, dass er eine Leiche untersuchen soll. Schließlich stellt sich heraus, dass Claire diese Leiche ist. Somit ist Claire zeitgleich gestorben und von Doug gerettet worden.

Déjà Vu lässt sich auch als »What if narrative«[19] bezeichnen. Solche Erzählweisen in Filmen beginnen häufig mit einer Ausgangssituation und entwerfen dann verschiedene Handlungsstränge, in Abhän-

19 Vgl. ebd., S. 83.

gigkeit kleiner Veränderungen der Kausalkette.[20] In DÉJÀ VU werden dem Zuschauer zwei verschiedene Handlungsstränge präsentiert. Der erste Handlungsstrang erzählt, was geschieht, wenn eine Bombe auf einer Fähre hunderte Menschen tötet. Der zweite Handlungsstrang erzählt, was passiert, wenn ein Zeitreisender das Unglück verhindern könnte.

Der Plot ist in DÉJÀ VU so konstruiert, dass der Zuschauer in der Szene, in der Doug und Claire gemeinsam Claires Wohnung aufsuchen, ein »Aha-Erlebnis« hat. Das plötzliche Erkennen der Zusammenhänge, die dazu geführt haben, dass sich in Claires Wohnung merkwürdige Hinweise finden ließen, suggeriert dem Zuschauer (fälschlicherweise), dass die Ereignisse in ihrer kausalen Verkettung logisch sind.

20 Vgl. ebd., S. 83.

Butterfly Effect

Evan Treborn leidet seit seiner frühen Kindheit an Blackouts. Immer wieder gibt es Situationen in seinem Leben, an die er keinerlei Erinnerung hat. Erst als Student an der Universität entdeckt er den Schlüssel, der es ihm ermöglicht, sich seine verlorenen Erinnerungen wieder bewusst zu machen. Mittels seiner Tagebücher, die er, auf Anraten seines Arztes, während seiner Kindheit und Jugend geschrieben hat, gelingt es Evan, sich in die vergessenen Situationen zurück zu versetzen. Doch Evan erlangt nicht nur die Erinnerung zurück, er kann auch in das Geschehene eingreifen. Jede Änderung seiner Vergangenheit führt dazu, dass Evans Gegenwart sich ebenfalls verändert. Sein Hauptanliegen ist dabei, das Leben seiner Freundin Kayleigh zu retten. Doch was er auch versucht, die Auswirkungen auf sein Leben, das seiner Familie und seiner Freunde sind fast immer verheerend. Schließlich findet Evan einen Weg, Kayleighs Leben zu retten. Er vernichtet seine Tagebücher, um nicht mehr in der Zeit reisen zu können und so sein eigenes Leben und das geliebter Menschen nicht mehr zu gefährden.

Originaltitel:	The Butterfly Effect
Produktionsland:	USA
Produktionsjahr:	2004
Dauer:	109 Minuten
Verleih:	Warner Bros.
Regisseur:	Eric Bress, J. Mackye Gruber
Drehbuch:	Eric Bress, J. Mackye Gruber
Hauptdarsteller:	Ashton Kutcher (Evan Treborn), Amy Smart (Kayleigh Miller)
Produktion:	Chris Benderm, A. J. Dix, Anthony Rhulen, JC Spink

Butterfly Effect spielt in einem Multiversum. Evans Fähigkeit, während seiner mentalen Zeitreisen den Lauf der Dinge zu verändern, wirkt sich direkt auf seine Gegenwart aus. Ändert er ein Ereignis in seiner Kindheit oder Jugend, hat dies immer Konsequenzen für sein erwachsenes Ich. Mit jeder Änderung der Vergangenheit öffnet Evan ein Parallel-Universum, dessen Veränderungen sichtbar werden, sobald Evan in seine Gegenwart zurückkehrt.

Doch in Butterfly Effect finden sich auch Elemente des selbstkonsistenten Universums. Als Evans Mutter ihren Sohn zum Spielen zu Kayleigh bringen möchte, findet sie Evan in der Küche mit einem großen Messer in der Hand. Dies ist Evans zweiter Blackout. Als Kind weiß er nicht, warum er das Messer genommen hat. Als Erwachsener sucht Evan eine Möglichkeit, den Sprengstoff, mit dem er und seine Freunde versehentlich eine Mutter und ihr Baby töten werden, zu zerstören. Er reist zurück zu seinem zweiten Blackout und sucht in der Küche etwas, das er mitnehmen kann, um den Sprengstoff im Keller von Kayleighs Vater zu zerstören. Auch als Erwachsener entscheidet sich Evan (im Körper seines Kinder-Ichs) dazu, das Messer zu nehmen. Evan müsste sich an die Situation, dass seine Mutter ihn fragt, was er mit dem Messer wolle, eigentlich erinnern und wissen, dass sein Handeln nicht erfolgreich sein wird. Diese Szene zeigt eine, für das selbstkonsistente Universum typische, »Wiederholung« der Ereignisse.

Die Abbildung Nr. 22 veranschaulicht eine von Evans Zeitreisen. Zu diesem Zeitpunkt im Film hat Evan bereits mehrfach die Realität verändert. Er befindet sich im zweiten von ihm geschaffenen Parallel-Universum. Die Abbildung beginnt bei Evans Blackout im Alter von dreizehn Jahren. Evan reist im Alter von zwanzig Jahren zurück zu seinem Blackout und versucht die Mutter und ihr Baby vom Briefkasten fernzuhalten. Dabei kommt er dem Sprengstoff so nahe, dass er

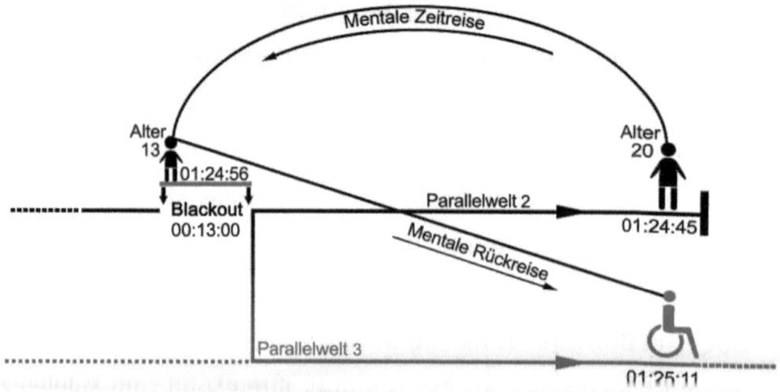

Abb. 22: Visualisierung einer Zeitreise in BUTTERFLY EFFECT

Arme und Beine verliert. Durch dieses Ereignis öffnet sich Parallelwelt Nr. 3, in der Evan im Rollstuhl sitzt. Evan füllt bei seinen Reisen die Lücken seiner Blackouts mit neuen Ereignissen, die eine Veränderung seiner Realität und das Öffnen einer Parallelwelt zur Folge haben.

Die Erzählstruktur in BUTTERFLY EFFECT ist bedingt durch das Modell des Parallel-Universums. Der Film beginnt mit Evans Flucht vor den Wachleuten in der Klinik und erzählt anschließend, wie es zu dieser Situation kommen konnte. Ein beliebter Erzähleinstieg in vielen Filmen und literarischen Werken, der als »in medias res« (aus dem Lateinischen »mitten in die Dinge«) bezeichnet wird.[21] Dem Zuschauer werden zunächst die wichtigsten Erlebnisse in Evans Kindheit und Jugend präsentiert. Dabei wird jenen Ereignissen, an die Evan sich nicht erinnern kann, seinen Blackouts, besondere Aufmerksamkeit geschenkt. Die Ereignisse werden mit größeren zeitlichen Sprüngen in chronologischer Reihenfolge erzählt, von Evans Kindheit über seine Jugend bis hin zu seinem Studentendasein. Als Student entdeckt Evan dann seine Fähigkeit, mittels seiner Tagebücher in die Vergangenheit zu reisen und den Lauf der Dinge zu verändern. Nach jeder Reise in

21 Vgl. ebd., S. 86.

die Vergangenheit kehrt Evans Geist in seinen erwachsenen Körper zurück, der sich nun im neu geschaffenen Parallel-Universum befindet. Evan erlebt daraufhin eine Flut von Erinnerungen an die neu geschaffene Realität. Die dadurch entstandene neue Kausalkette wird durch schnell aufeinanderfolgende Erinnerungen visualisiert und erklärt, weshalb Evans neue Realität ist, wie sie ist.

Butterfly Effect ist ein Film mit einer »What if«-Erzählweise. Der Plot präsentiert dem Zuschauer verschiedene Handlungsstränge, ausgehend von verschiedenen Ausgangssituationen (Evans Blackouts). Dabei wird das Prinzip von Ursache und Wirkung durchgehend eingehalten.

Butterfly Effect nutzt freilich auch Elemente des selbstkonsistenten Universums. Zwei von Evans Blackouts werden dem Zuschauer im Plot nicht gezeigt. Der erste nicht gezeigte Blackout handelt von Evans Zeichnung in der Schule. Die Lehrerein bittet Evans Mutter zu einem Gespräch und zeigt ihr ein Bild, das Evan im Unterricht gemalt hat. Sie sagt, Evan könne sich nicht daran erinnern, das Bild gemalt zu haben. Es zeigt einen Mörder, der mit einem blutigen Messer in der Hand vor einigen Leichen steht.

Evan landet im ersten von ihm geschaffenen Parallel-Universum im Gefängnis. Um seinen sehr religiösen Zellengenossen dazu zu bringen, ihm zu helfen, reist Evan zurück zu seinem Blackout in der Schule. Dort angekommen, fordert ihn die Lehrerin dazu auf, sein Bild fertig zu malen. Evan zeichnet, was er in seiner Gegenwart zu tun plant. Der Mann mit der Glatze und der Blonde sind Mitgefangene und haben Evan in der Gegenwart seine Tagebücher gestohlen, bis auf wenige Seiten, die Evan retten konnte. Um sie zurückzubekommen, braucht er die Hilfe seines Zellengenossen. Evan steht auf und ruft seine Lehrerin, bevor er sich zwei Zettelspieße durch die Handflächen

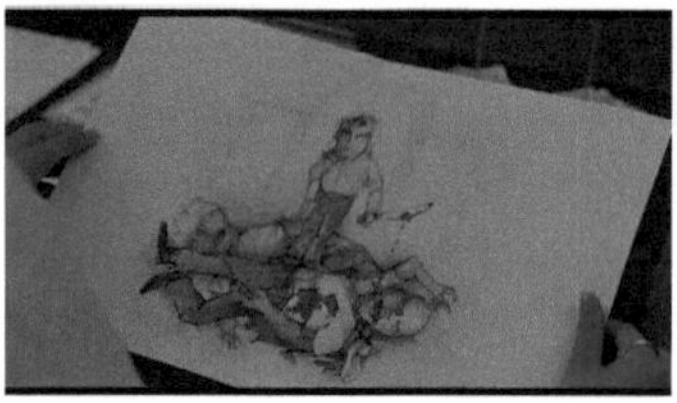

Abb. 23: Evans Zeichnung in BUTTERFLY EFFECT.

rammt. Evan landet nach dieser Zeitreise wieder in der Parallel-Welt im Gefängnis. Sein Zellengenosse sieht die neu entstandenen Narben an den Handflächen und hält diese für echte Stigmata. Er hilft Evan, die beiden Männer, die Evans Tagebücher gestohlen haben, zu überfallen. Evan ersticht die beiden und reist mit seinen Tagebüchern zurück in die Vergangenheit.

Hier wäre anzuzweifeln, ob Evans Verhalten in der Schule, sich bewusst zu verletzen, die gleiche Kausalkette ausgelöst hätte, die dazu führt, dass Evan im Gefängnis landet. Da sich die Kausalkette trotz Evans Handeln nicht verändert hat, ist anzunehmen, dass es sich bei diesem Teil der Handlung um eine Form der Selbstkonsistenz handelt. Evans Tagebucheintrag zu seinem ersten Blackout lautet: »Am Mittwoch hab ich Ärger gekriegt, wegen einer Zeichnung, die ich gar nicht gemacht hatte. Mami zeigt sie mir aber nicht«. Evans Gegenwart hat sich bei seiner Rückkehr nicht verändert. Evans Tagebucheintrag müsste sich (sofern er mit seinen Verletzungen überhaupt in der Lage war zu schreiben) in der Realität nach seiner Rückkehr eher darauf beziehen, dass Evan Wunden in seinen Handflächen hat und nicht weiß, wie er sie sich zugezogen hat. Da bis auf die Narben keine offensichtlichen Veränderungen vorhanden sind, und da Evan, obwohl er das Bild in seiner Kindheit nicht gesehen hat, genau das gleiche Bild malt, ist dieser Teil der Handlung als selbstkonsistent

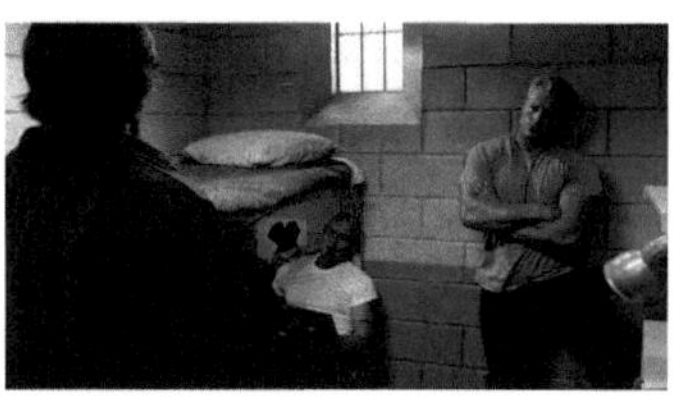

*Abb. 24: Evan sucht seine Mitgefangenen auf (*BUTTERFLY EFFECT*).*

anzusehen. Die erzielte Wirkung auf den Rezipienten ist das Auslösen eines »Aha-Erlebnisses«.

Das gleiche Prinzip findet sich auch in den bereits beschriebenen Szenen, in denen Evan plötzlich mit einem Messer in der Hand in der Küche steht und sich nicht erinnern kann, das Messer genommen zu haben. Während eines Zeitsprunges nimmt er dann das Messer an sich, um damit den Sprengstoff in Kayleighs Keller zu zerstören. Auch hier werden dem Zuschauer die Zusammenhänge plötzlich bewusst gemacht.

TIMELINE

Das Science-Fiction-Abenteuer TIMELINE (Richard Donner, USA 2003) handelt von einer Gruppe junger Archäologen, die mit Hilfe einer Zeitmaschine ins Mittelalter reisen, um ihren dort gestrandeten Professor zurück in die Gegenwart zurück zu holen.

Originaltitel:	TIMELINE
Produktionsland:	USA
Produktionsjahr:	2003
Dauer:	116 Minuten
Verleih:	Universal Studios
Regisseur:	Richard Donner
Drehbuch:	Jeff Maguire, Geroge Nolfi
Hauptdarsteller:	Paul Walker (Chris Johnston), Frances O'Connor(Kate Ericson), Gerard Butler (André Marek)
Produktion:	Richard Donner, Lauren Shuler Donner, Jim Van Wyck

TIMELINE kombiniert, wie auch DÉJÀ VU und BUTTERFLY EFFECT, das Modell des selbstkonsistenten Universums mit dem des Parallel-Universums.

Zunächst betrachten wir die Teile der Handlung, die auf ein Parallel-Universum schließen lassen. Zu Beginn des Filmes erzählt der Archäologe Andrè Marek einigen Besuchern einer Ausgrabungsstätte in Frankreich, wie die Schlacht um La Roque im Jahr 1357 von den Franzosen gewonnen wurde. Die Engländer töteten die Schwester des französischen Kommandanten, Lady Claire, und hängten ihren Leichnam für die Franzosen sichtbar an den Turm der Burg. Dies machte die französischen Soldaten wütend und versetzte sie in einen Zustand unbändiger Raserei, der ihnen den Sieg einbrachte.

Eine Gruppe Wissenschaftler hat während der Erfindung eines Faxgerätes für dreidimensionale Objekte zufällig ein Wurmloch entdeckt, welches zu einem bestimmten Tag im mittelalterlichen Frankreich führt. Das ursprüngliche Faxgerät wird unvermutet zur Zeitmaschine. Chris' Vater, der Leiter der Ausgrabungsstätte, erhielt von den Wissenschaftlern den Auftrag, dieses Wurmloch zu testen, und geriet während seiner Zeitreise in Gefangenschaft. Marek, Kate, Chris und einige andere reisen nun mit der Zeitmaschine der Wissenschaftler in die Vergangenheit, um Chris' Vater zu retten. Die Gruppe der jungen Archäologen landet genau an dem Tag im Frankreich des 14. Jahrhunderts, an dem die legendäre Schlacht stattfinden soll. Marek verliebt sich in Lady Claire und verhindert ihren Tod, indem er das Waffenarsenal der Engländer in der Burg in Brand steckt. Die riesige Explosion zerstört fast alle Waffen der Engländer und gibt den Franzosen einen entscheidenden Vorteil in der Schlacht, der eigentlich durch Lady Claires Tod herbeigeführt werden sollte. Somit hat Marek die Geschichte, wie er und seine Kollegen sie kannten, verändert und ein Parallel-Universum geschaffen.

Doch es gibt auch Hinweise auf ein selbstkonsistentes Universum in TIMELINE. Bevor die Zeitreise angetreten wird, legt Marek in der Gegenwart einen Sarg frei, auf dem ein Ritter und seine Lady in Stein gemeißelt sind. Die beiden halten sich in der Darstellung an den Händen, was laut Marek für diese Epoche sehr ungewöhnlich ist. Zudem fällt ihm auf, dass der Ritter mit nur einem Ohr gemeißelt wurde.

In der Schlacht 1357 verliert Marek selbst ein Ohr, während er kämpft, um Lady Claire zu retten. Als er das Blut an seinen Händen sieht, sagt er: »Das war ich.« Er erkennt, dass der Ritter auf dem Grab ihn selbst darstellt. Marek bleibt in der Vergangenheit, um mit Lady Claire zu leben. Als seine Freunde, zurück in der Gegenwart, den Sarg

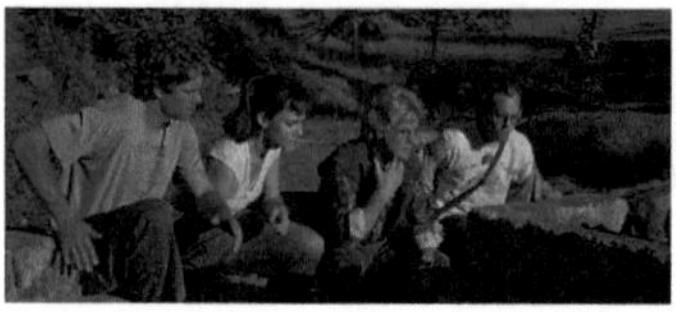

Abb. 25: Mareks Freunde entdecken seine Botschaft auf dem Sarg (TIMELINE).

vollständig freilegen, entdecken sie eine Inschrift. Es ist eine Botschaft von Marek, der seinen Freunden mitteilt, dass er in der Vergangenheit ein wunderbares Leben gewählt hat. Kate sagt daraufhin: »Was würde wohl dort stehen, wenn er mit uns gekommen wäre«?

Ein weiteres Indiz auf ein selbstkonsistentes Universum findet sich in einer zerstörten Wandtäfelung, die Kate während der Ausgrabungen entdeckt. Sie erkennt, dass die Täfelung vorsätzlich vor ca. 600 Jahren zerstört wurde. Während der Zeitreise suchen Kate und Chris einen geheimen Zugang zum Zentrum der Schlacht. Kate erkennt die Wandtäfelung wieder und zerschlägt diese, woraufhin in versteckter Tunnel zum Vorschein kommt. Kate hat also selbst die Täfelung zerstört, die sie in der Gegenwart gefunden hatte.

Auch in diesem Film werden zwei Modelle miteinander verknüpft, um die Handlung für den Zuschauer nachvollziehbar zu machen und »Aha-Effekte« auszulösen. Es hat den Anschein, dass alles vorherbestimmt ist und sich die Ereignisse nicht abändern lassen, da Mareks Grab bereits vor Antritt der Zeitreise den Ritter mit nur einem Ohr zeigte und die Wandtäfelung bereits zerstört war. Doch wenn die Geschichte um Lady Claires Tod eine historische Tatsache ist, kann es sich nur um ein Parallel-Universum handeln, in dem der Ausgang der Schlacht zwar derselbe ist, die Ursache jedoch eine andere.

Abbildung Nr. 26 visualisiert die Zeitreisestruktur in TIMELINE. Die Archäologen starten die Zeitreise von ihrer Gegenwart A aus. Durch ihre Ankunft im Jahr 1357 und die damit verbundenen Veränderungen öffnet sich ein Parallel-Universum. In dieser neuen Realität wird Lady Claire von Marek gerettet. Der Sarg, der Mareks und Lady Claires Abbild zeigt, existiert jedoch bereits in Gegenwart A und wird in Gegenwart B von Kate endgültig freigelegt. Der Fund und die Freilegung des Sarges, ebenso wie die zerstörte Täfelung, stellen eine Verbindung zwischen Realität A und Realität B dar.

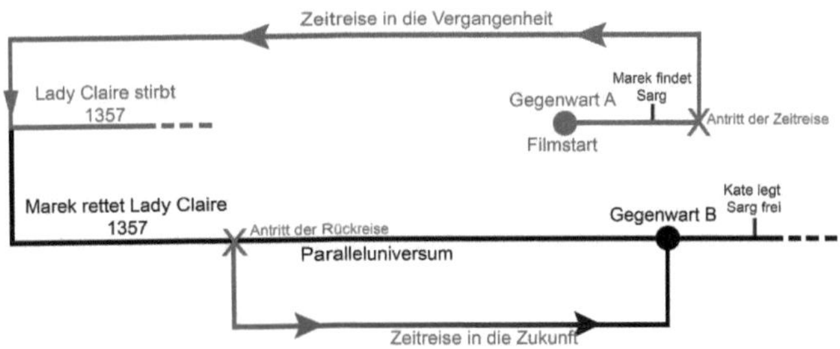

Abb. 26: Zeitreisestruktur in Timeline

Zurück in die Zukunft I

Marty McFly reist ungeplant mit der Zeitmaschine seines Freundes Dr. Emmet "Doc" Brown in das Jahr 1955 zurück, in dem seine Eltern sich kennengelernt haben. Ohne eine Ladung Plutonium ist die Zeitmaschine nutzlos und Marty kann nicht in seine Gegenwart 1985 zurückkehren. Nur der dreißig Jahre jüngere Doc kann ihm helfen. Gemeinsam entwickeln die beiden einen Plan, um Marty mit Hilfe eines Blitzes zurück in die Zukunft zu schicken. Doch so einfach ist es nicht, denn Marty verhindert aus Versehen, dass seine Eltern sich kennenlernen. Stattdessen verknallt sich seine jugendliche Mutter Lorraine in ihn selbst, und Martys Existenz ist in Gefahr. Denn wenn er seinen unsicheren Vater nicht dazu bringt, seine Mutter zu erobern, wird er niemals geboren werden und löst sich noch vor seine Rückreise buchstäblich in Luft auf.

Originaltitel:	BACK TO THE FUTURE
Produktionsland:	USA
Produktionsjahr:	1985
Dauer:	111 Minuten
Verleih:	Universal Studios
Regisseur:	Robert Zemeckis
Drehbuch:	Bob Gale, Robert Zemeckis
Hauptdarsteller:	Michael J. Fox (Marty McFly), Christopher Lloyd (Dr. Emmet Brown), Lea Thompson (Lorraine McFly)
Produktion:	Bob Gale, Neil Canton, Kathleen Kennedy, Frank Marshall, Steven Spielberg

Indem Marty verhindert, dass seine Eltern sich kennenlernen und verlieben, beschwört er das klassische Großvater-Paradoxon her-

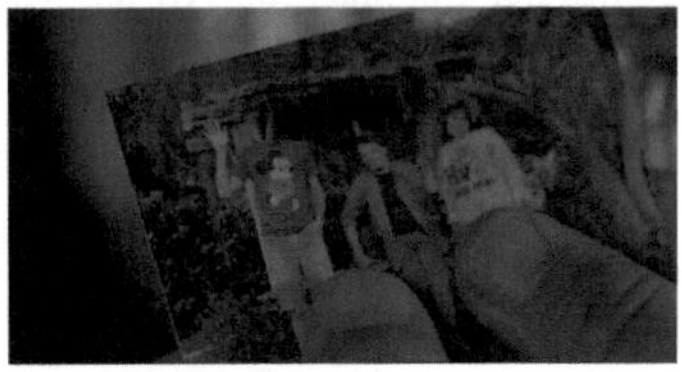

Abb. 27: Das Foto von Marty und seinen Geschwistern in Zurück in die Zukunft.

auf. Denn ohne die Heirat seiner Eltern wird Marty selbst nie geboren werden. Das Großvater-Paradoxon tritt jedoch nicht sofort in Kraft. Marty hat eine gewisse Zeit zur Verfügung, um seine Existenz doch noch zu retten, indem er seine Eltern verkuppelt, bevor er zurück in seine Gegenwart reist.

Auf einem Foto, das Marty und seine Geschwister zeigt, ist das Ausmaß des Großvater-Paradoxon zu erkennen: Martys Bruder wird Stück für Stück aus dem Foto ausradiert. Als schließlich auch Marty auf dem Foto verblasst, geschieht dasselbe mit seinem Körper: Er löst sich tatsächlich in Luft auf. Doch zu Martys Glück erobert sein Vater seine Mutter gerade noch rechtzeitig und Marty materialisiert wieder. Das Großvater-Paradoxon wurde erfolgreich abgewendet und Marty kann in seine Gegenwart zurückkehren. Dort angekommen erlebt er eine äußerst positive Überraschung. Sein Vater, zuvor ein Schwächling, ist ein erfolgreicher Science-Fiction-Autor, seine Mutter ist keine Alkoholikerin und Martys Geschwister sind im Gegensatz zu vorher stilbewusst und erfolgreich. Sogar das Auto, vom dem Marty immer geträumt hat, steht in der Garage. Marty hat durch sein Eingreifen in der Vergangenheit ein Parallel-Universum erschaffen, in dem alles besser ist als zuvor.

Regisseur Robert Zemeckis und Drehbuchautor Bob Gale haben in Zurück in die Zukunft eine Kombination aus Großvater-Paradoxon und Parallel-Universum geschaffen. Wenn die Möglichkeit besteht, Parallel-Universen zu öffnen, hätte Marty sich nicht in Luft auflösen können. Er wäre in seine Gegenwart zurückgekehrt und wäre dort ein

Identitätsloser gewesen (so wie George Bailey in IST DAS LEBEN NICHT SCHÖN?). Er hätte sein ursprüngliches Universum verlassen und hätte fortan in einem Parallel-Universum gelebt, in dem er nicht geboren wurde. Doch zweifellos wäre dies kein schönes Ende für einen Entertainment-Film gewesen. Die Spannung des Filmes wird gerade dadurch erzeugt, dass Martys Existenz auf Messers Schneide steht, bis er seine Eltern zusammengebracht hat. Und der Clou der Handlung ist, dass Martys Gegenwart um so vieles besser ist als vor seiner Zeitreise.

Da sich Robert Zemeckis in ZURÜCK IN DIE ZUKUNFT nicht eindeutig für ein Zeitreisemodell entschieden hat, entstehen eher Logikfehler als bei Filmen mit einem eindeutigen Zeitreisemodell.

Ein Fehler findet sich in dem Foto von Marty und seinen Geschwistern. Marty überprüft mit Hilfe des Fotos, ob seine Zukunft gesichert ist. Das Bild zeigt die drei in ihrer ursprünglichen Gegenwart. Martys Bruder trägt ein Mickymaus-T-Shirt und seine Schwester ein stilloses Outfit. Martys Geschwister verschwinden auf dem Foto, da Marty verhindert, dass seine Eltern sich verlieben. Als er auf der Bühne Gitarre spielt, damit seine Eltern tanzen und sich verlieben können, verschwindet er selbst auf dem Foto und in Wirklichkeit auch auf der Bühne. In letzter Sekunde erobert sein Vater seine Mutter, und Marty und seine Geschwister tauchen wieder auf dem Foto auf. Wenn Marty dann in seine veränderte Gegenwart zurückkehrt, trägt sein Bruder einen geschmackvollen Anzug, und seine Schwester ist stilbewusst gekleidet und hübsch geschminkt. In dem Augenblick, da seine Eltern zueinandergefunden haben, hat sich das Paralleluniversum geöffnet, in dem Martys Vater erfolgreich ist und seine Geschwis-

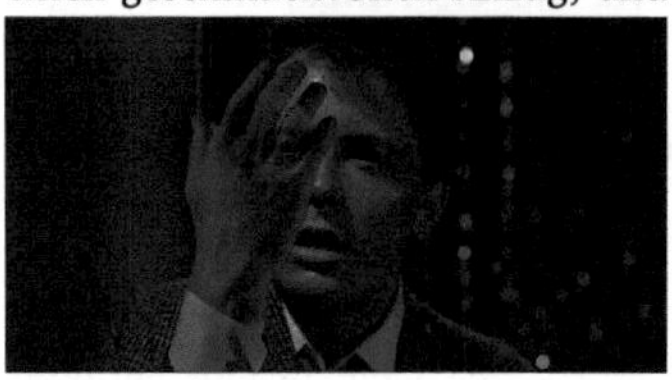

Abb. 28: Marty löst sich in Luft auf (ZURÜCK IN DIE ZUKUNFT).

ter auf ihr Äußeres achten. In diesem Paralleluniversum hätte ein Foto wie jenes von Marty und seinen Geschwistern nicht entstehen können. Um das unerwartete »Happy End« der Gegenwart nicht vorwegzunehmen, muss das Foto jedoch für den Zuschauer unverändert, also wiedererkennbar sein.

Das Paralleluniversum, welches am Ende des Films Martys ursprüngliche Gegenwart ablöst, ist ein unerwarteter Clou, der erst durch das nicht festgelegte Zeitreisemodell, das »offene Universum« möglich ist.

Abbildung Nr. 28 zeigt die Zeitreisestruktur in ZURÜCK IN DIE ZUKUNFT. Marty startet seine Zeitreise von der Ausgangssituation im Jahr 1985. Im Jahr 1955 angekommen, ändert Marty den Lauf der Dinge und verursacht das Großvater-Paradoxon. Durch diese Veränderung öffnet sich ein Parallel-Universum, in welchem er bei seiner Rückreise in die Gegenwart ankommt. Marty landet in einem neuen Jahr 1985, in dem die Ausgangssituation der Zeitreise vollkommen verändert ist.

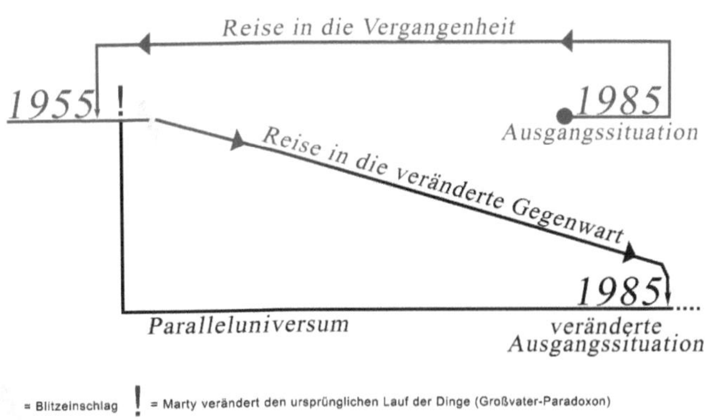

Abb. 29: Zeitreisestruktur in ZURÜCK IN DIE ZUKUNFT.

Zwischenbilanz - Die Kombination von Zeitreisemodellen

Wie diese Beispiele deutlich zeigen, findet das Modell des Parallel-Universums in seiner reinen Form kaum Anwendung in Kinofilmen. Die in der Physik eigentlich undenkbare Kombination mit dem selbstkonsistenten Universum scheint eine sehr beliebte Lösung zu sein, um in Filmen mit Parallel-Universen die übliche narrative Struktur aufzubrechen, um die Filme besonders sehenswert zu machen. In einem Parallel-Universum sind keine natürlichen Möglichkeiten gegeben, eine handlungsinterne Vorschau einzubetten.

Zeitreisen in die Zukunft

Wie wir gesehen haben, bergen Zeitreisen in die Vergangenheit viele Gefahren. Reisen in die Zukunft hingegen sind schlichte Vorausschauen in eine noch nicht erreichte Zeit. Im Gegensatz zu Reisen in die Vergangenheit wären Zeitreisen in die Zukunft tatsächlich möglich, sofern die Menschheit eine Möglichkeit fände, mit annähernder Lichtgeschwindigkeit durch den Weltraum zu reisen.

»In der Relativitätstheorie hat jeder Beobachter sein eigenes Zeitmaß«[22] *(Stephen Hawking)*

Einsteins Relativitätstheorie besagt, dass die Zeit relativ ist, abhängig von Standpunkt und Geschwindigkeit desjenigen, der sie misst. Je schneller wir uns bewegen, desto langsamer vergeht für uns die Zeit. Dieses Phänomen nennt sich Zeitdilatation (Zeitdehnung) und lässt sich am Beispiel des Zwillingsproblems modellhaft erklären.

Ein Zwilling A entschließt sich, mit einem Raumschiff eine Reise ins Weltall zu unternehmen, während sein Zwilling B auf der Erde zurückbleibt. Das Raumschiff von Zwilling A bewegt sich mit annähernder Lichtgeschwindigkeit, wodurch die Zeit innerhalb des Raumschiffes wesentlich langsamer verläuft als auf der Erde. Bei seiner Rückkehr zur Erde wird Zwilling A sehr viel weniger gealtert sein als sein Zwilling B – auf der Erde ist mehr Zeit verstrichen als im Raumschiff. Zwilling A hat eine Zeitreise in die Zukunft gemacht.

Im Gegensatz zu Zeitreisen in die Vergangenheit könnten Reisen in die Zukunft also tatsächlich möglich sein, auch wenn die Menschheit (noch) nicht über die technischen Mittel verfügt, um Raumschiffe zu konstruieren, die sich mit annähernder Lichtgeschwindigkeit durch

22 Stephen Hawking: Das Universum in der Nusschale, S. 19.

das Weltall bewegen können. In der Science-Fiction jedoch sind die technischen Mittel längst vorhanden. Betrachten wir nun einige dieser Filme, die von Reisen in die Zukunft handeln.

Planet der Affen

Der Autor Pierre Boulle lässt seine Helden in seinem 1963 erschienenen Roman *Planet der Affen* mit einem Raumschiff, das sich mit annähernder Lichtgeschwindigkeit durchs All bewegt, in die Zukunft reisen. George Taylor und seine Kollegen landen auf einem Planeten, der von sprechenden, intelligenten Menschenaffen bevölkert ist.

Originaltitel:	Planet of the Apes
Produktionsland:	USA
Produktionsjahr:	1968
Dauer:	107 Minuten
Verleih:	Twentieth Century Fox Home Entert.
Regisseur:	Franklin J. Schaffner
Drehbuch:	Michael Wilson, Rod Serling
Hauptdarsteller:	Charlton Heston (George Taylor), Roddy McDowall (Dr. Cornelius), Kim Hunter (Dr. Zira)
Produktion:	Arthur P. Jacobs

In der Adaption des Romans von Franklin J. Schaffner aus dem Jahr 1968 erklärt die Hauptfigur George Taylor:

> »Sieben lange Monate rasen wir jetzt schon durch den Weltraum, jedenfalls nach unserer Zeitrechnung hier an Bord. Nach Dr. Hassleins Theorie über den Zeitablauf in einem Raumschiff, das sich mit annähernd Lichtgeschwindigkeit bewegt, ist die Erde in der gleichen Zeitspanne etwa sieben-

hundert Jahre älter geworden. Aber wir sind kaum älter geworden.«

Dr. Hassleins Theorie beschreibt dabei nichts anderes als die im Rahmen der allgemeinen Relativitätstheorie entdeckte Zeitdilatation. Als Taylor und seine Mannschaft aus einem künstlichen Tiefschlaf erwachen, der elf Monate andauerte, zeigt die Anzeige der Erdenzeit das

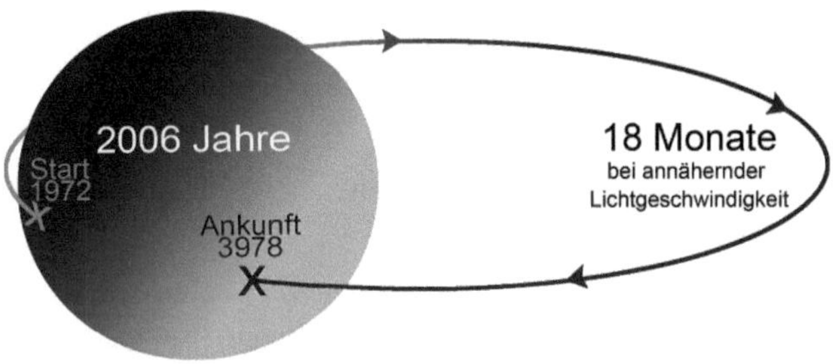

Abb. 30: Zeitreisestruktur in PLANET DER AFFEN

Jahr 3978 an (siehe Abbildung Nr. 30). Das Raumschiff ist im Autopilot mitten in einem See auf einem unbekannten Planeten gelandet und versunken. Taylor vermutet, dass er und seine Kollegen sich etwa 320 Lichtjahre von der Erde entfernt auf einem unbekannten Planeten der Gruppe Orion befinden.

Kurz nach ihrer Ankunft wird Taylor von einer Gruppe berittener Affen gefangen genommen. Der Clou des Filmes besteht in der schlussendlichen Erkenntnis, dass es sich bei dem Planeten, auf dem Taylor gelandet ist, um die Erde handelt. Die Menschen haben ihren Planeten zerstört und die Affen haben sich zu intelligenten, sprechenden Wesen entwickelt, die nun die Erde beherrschen. Am Ende des Filmes wird Taylor von den Affen freigelassen. Er und eine Frau, die ebenfalls von den Affen gefangen gehalten wurde, reiten gemeinsam davon. Auf ihrem Weg entdeckt Taylor schließlich die Überreste der

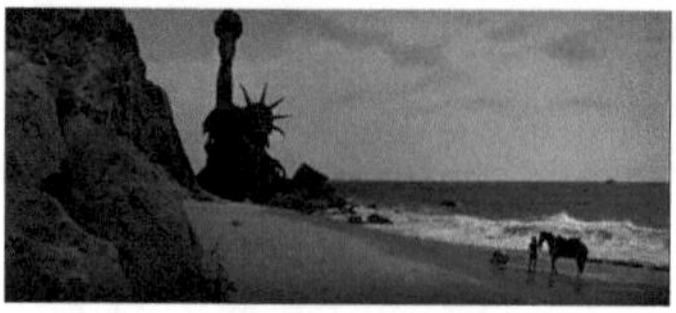

Abb. 31: Taylor entdeckt die Überreste der Freiheitsstatue (PLANET DER AFFEN).

Freiheitsstatue und erkennt, dass er sich die ganze Zeit über auf seinem Heimatplaneten, der Erde, befunden hat.

Die Erzählstruktur in PLANET DER AFFEN ist stringent. Die Ereignisse werden in der Reihenfolge gezeigt, in der sie stattfinden. Die Zeitreise selbst wirkt sich nicht auf die narrative Struktur aus.

DIE ZEITMASCHINE

Kommen wir nun zu dem Klassiker der Zeitreisefilme schlechthin: George Pals DIE ZEITMASCHINE. Die Adaption von H. G. Wells Roman erzählt die Geschichte des Wissenschaftlers George, der eine Zeitmaschine erfindet und mit dieser eine weit entfernte Zukunft bereist, in der die Menschen (hier Eloi genannt) wie Nutztiere von den dunklen, menschenfressenden Morlocks gehalten und kontrolliert werden. George zerstört mit einem Feuer die Anlage der Menschenfresser und kehrt mit seiner Zeitmaschine zurück in seine Gegenwart. Seine Freunde reagieren ungläubig auf seine Erzählung. George besteigt wieder seine Zeitmaschine und reist in die Zukunft zurück, um dort eine neue Zivilisation aufzubauen.

Abbildung Nr. 32 zeigt Georges Zeitreisen. Er startet seine erste Reise am Silvesterabend des Jahres 1899. Von diesem Zeitpunkt aus reist er in die Zukunft, bis in das Jahr 1917, in dem er einen kurzen Zwischenstopp einlegt. Er erfährt, dass Krieg herrscht und reist weiter in das Jahr 1940, in dem wieder ein neuer Krieg ausgebrochen ist.

Originaltitel:	THE TIME MACHINE
Produktionsland:	USA
Produktionsjahr:	1960
Dauer:	99 Minuten
Verleih:	Warner Home Video
Regisseur:	George Pal
Drehbuch:	David Duncan
Hauptdarsteller:	Rod Taylor (George), Yvette Mimieux (Weena), Alan Young (Filby)
Produktion:	George Pal

Seinen letzten Zwischenstopp macht er im Jahr 1966. Er erlebt, wie Atombomben die Welt zerstören und reist von dort aus ohne weitere Pausen in das Jahr 802.701. Er erblickt aus seiner Maschine heraus eine paradiesische Landschaft und entschließt sich, diese zu erkunden.

Nachdem George in dieser fernen Zukunft das Volk der Eloi von der Unterdrückung der menschfressenden Morlocks befreit hat, reist er zurück in seine Gegenwart. Georges Freunde glauben ihm seine Erzählung nicht und verabschieden sich. Nur sein Freund Filby kehrt noch einmal zum Haus zurück und entdeckt Schleifspuren, die aus dem Garten in Georges Labor führen. Er rekonstruiert die Geschehnisse aufgrund von Georges Erzählung und vermutet, dass George zurück

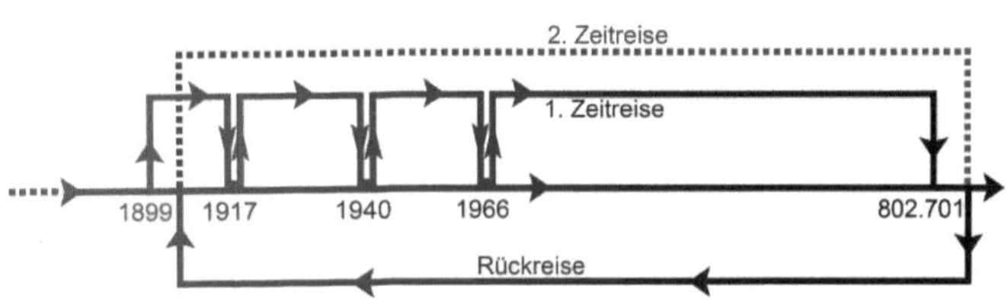

Abb. 32: Zeitreisestruktur in Die Zeitmaschine

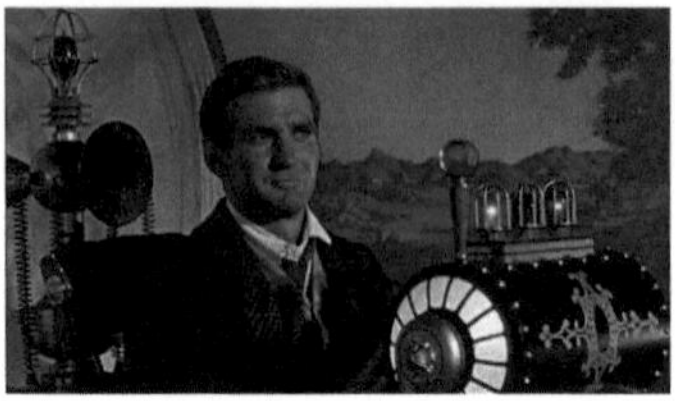

Abb. 33: George bereist in seiner Zeitmaschine eine ferne Zukunft (Die Zeitmaschine).

in die Zukunft gereist ist, um mit den Eloi eine neue Zivilisation aufzubauen. Diese zweite Reise in die Zukunft ist in der Abbildung Nr. 32 gestrichelt dargestellt.

Der Film beginnt mit Georges Rückkehr von seiner ersten Reise in die Zukunft. Seine Freunde erwarten ihn, da er sie zum Essen eingeladen hat. George kommt vollkommen entkräftet und verletzt ins Esszimmer. Er beginnt seine Schilderung und der Film zeigt in einer erzählten Rückblende, was George während seiner Zeitreise erlebt hat. Als Georges Erzählung den Punkt erreicht, an dem er das Esszimmer betreten hat, ist die Handlung wieder in der Gegenwart angekommen. Die Erzählstruktur wird nur indirekt von Georges Zeitreise beeinflusst, da die Ereignisse während der Zeitreise in einer Aufbauenden Rückwendung (»in medias res«) erzählt werden, so wie in Butterfly Effect. Die Geschichte beginnt mit Georges rätselhafter Erscheinung, und die Handlung des Filmes besteht in der Rekonstruktion der Ereignisse, die zu seinem Erscheinen führen.

Eine Reise in die Zukunft findet auf einem selbstkonsistenten Gleis statt. Die Zukunft ist vorherbestimmt und ergibt sich aus den Ereignisketten der Vergangenheit. Würde George nach seiner Reise in die Zukunft in die Vergangenheit reisen, dort etwas verändern und wieder zurück in die Zukunft kommen, würde er feststellen, dass die Zukunft, wie er sie gesehen hat, nicht mehr existiert. Er hätte durch seine Reise in die Vergangenheit das Gleis (das Universum) gewechselt. Da George aber nur in die Zukunft reist, können wir davon ausgehen, dass die Geschehnisse auf dem Gleis, auf dem er sich befindet, vorherbestimmt, also selbstkonsistent sind. Die Gefahr, ein Paradoxon heraufzubeschwören, existiert auf einer Reise in die Zukunft nicht.

Zwischenbilanz – Zukunftsreisen in Kinofilmen

Die narrative Struktur in Filmen, in denen ausschließlich Reisen in die Zukunft unternommen werden, wird nicht von Zeitreisemodellen beeinflusst. Handlungsinterne Vorschauen, wie in Filmen mit selbstkonsistenten Universen, sind nicht möglich. Die Regisseure greifen daher eher auf die üblichen Erzählmittel zurück, wie »in medias res«, »flashbacks« und »flash-forwards«, um eine komplexere narrative Struktur zu erzeugen. Bemerkenswert ist, dass die Rückkehr aus einer Reise in die Zukunft zugleich – aus anderer Perspektive – eine Zeitreise in die Vergangenheit ist, potentiell mit den entsprechenden Paradoxa.

Der etwas andere Zeitreisefilm

Wir haben bisher solche Filme betrachtet, in denen das Großvater-Paradoxon, die Modelle des selbstkonsistenten Universums, des Parallel-Universums und Zukunftsreisen thematisiert wurden. Doch es gibt auch Filme, die Zeitreisen behandeln, ohne dabei auf die uns bekannten Modelle zurückzugreifen. Betrachten wir nun einige Beispiele solcher Filme und untersuchen, wie diese mit der Anwendung von Zeitreisemodellen umgehen, und ob wirklich jede Zeitreise eine echte Zeitreise ist.

Donnie Darko

Donnie ist ein Teenager, der wegen seiner labilen Psyche in therapeutischer Behandlung ist. Zu Beginn des Filmes erscheint Donnie ein Mann namens Frank im Hasenkostüm, der in sein Schicksal eingreift und seinen Tod verhindert, indem er Donnie verleitet, sein Zimmer zu verlassen. Kurz darauf stürzt das Triebwerk eines Flugzeugs in Donnies Zimmer. Donnie erlebt daraufhin, was geschieht, wenn sein eigener Tod verhindert wird. Nach vielen weiteren Visionen des Mannes im Hasenkostüm und tragischen Entwicklungen, die im Tod von Donnies Freundin Gretchen gipfeln, gerät Donnie in eine Art Zeitschleife, die ihn wieder zurück zur Ausgangssituation führt.

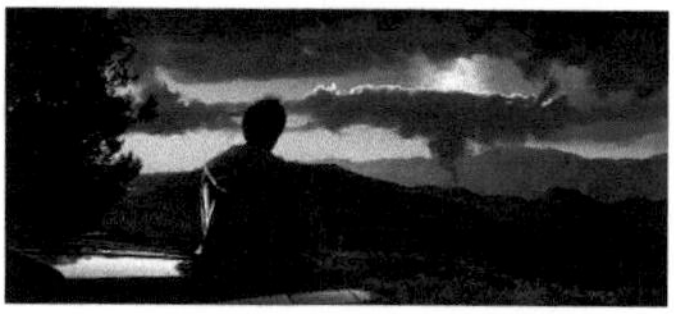

Abb. 34: Donnie beobachtet die Formation der Zeitschleife (Donnie Darko)

Wieder zurück in seinem Zimmer entschließt sich Donnie, durch die Folgen des Triebwerkeinschlags zu sterben, um dadurch seine Freundin zu retten. Der Film endet mit Donnies Tod und der Bergung des Flugzeugtriebwerks aus dem Haus der Darkos. Gretchen, die zufällig am Haus vorbeikommt, sagt, dass sie Donnie nicht gekannt hat.

Originaltitel:	DONNIE DARKO
Produktionsland:	USA
Produktionsjahr:	2001
Dauer:	108 Minuten
Verleih:	Ascot Elite Home Entertainment GmbH
Regisseur:	Richard Kelly
Drehbuch:	Richard Kelly
Hauptdarsteller:	Jake Gyllenhaal (Donnie Darko), Jena Malone (Gretchen), James Duval (Frank)
Produktion:	Adam Fields, Nancy Juvonen, Sean McKittrick

Richard Kellys DONNIE DARKO ist ein Zeitreisefilm besonderer Art. Die Logik der Zeitreise in diesem Film wird teils durch Stephen Hawkings *Die kürzeste Geschichte der Zeit* und teils durch ein nur im Film existierendes Buch namens *Die Philosophie des Zeitreisens* begründet.

DONNIE DARKO ist ein Mind-Game-Film, der sein Publikum verwirrt und herausfordert, die logischen Zusammenhänge der Handlung zu ergründen, da diese auf den ersten Blick nicht ersichtlich sind. Tatsächlich scheint eine logische Interpretation nur dann möglich zu sein, wenn man sich die zahlreichen Zusatzinformationen auf der DVD und auf der offiziellen DONNIE DARKO-Homepage ansieht.

Autorin des Buches *Die Philosophie des Zeitreisens* im Film ist Roberta Sparrow, eine Nachbarin von Donnie, die von den Jugendlichen

»Grandma Death« genannt wird. Auf der offiziellen Homepage des Filmes – www.donnie-darko.de – finden sich Ausschnitte aus *Die Philosophie des Zeitreisens.* Diese zu lesen ist notwendig, um die Logik des Filmes zu verstehen (auch wenn es zahlreiche verschiedene Interpretationen gibt). Ich werde den Inhalt kurz wiedergeben:

Ein Tangentenuniversum entsteht, wenn die vierte Dimension, die Zeit, beschädigt wird. Ein Tangentenuniversum ist äußerst instabil und wird innerhalb weniger Wochen in sich zusammenbrechen, wobei es ein Schwarzes Loch im Primäruniversum erschafft, welches die gesamte Existenz auslöschen kann.

Ein Anzeichen für ein Tangentenuniversum ist das Auftauchen eines metallenen Artefaktes. Ein Auserwählter, der sogenannte lebende Empfänger, hat die Aufgabe, dem Artefakt seinen Weg zurück in das Hauptuniversum zu weisen, um die Entstehung eines Schwarzen Loches zu verhindern. Dabei wird er von schrecklichen Visionen heimgesucht werden und entwickelt enorme und übersinnliche Kräfte. Unterstützt wird der lebende Empfänger von den manipulierten Toten, die dem lebenden Empfänger sichere Fallen stellen, um die Rückkehr des Artefaktes zu garantieren. Die manipulierten Toten sind jene, die innerhalb des Tangentenuniversums sterben und mithilfe der vierten Dimension Kontakt zu dem lebenden Empfänger aufnehmen können. Die manipulierten Lebenden haben ebenfalls die Aufgabe, dem lebenden Empfänger zu helfen, das Artefakt in das Primäruniversum zurückzubringen. Nach ihrem Aufenthalt im Tangentenuniversum werden die Manipulierten in Träumen von ihren Erlebnissen im Tangentenuniversum heimgesucht, können sich jedoch nicht wirklich an diese Ereignisse erinnern.[23]

23 Vgl. http://www.donnie-darko.de/philosophy_of_time_travel.htm

Donnie ist der lebende Empfänger, dessen Aufgabe es ist, das Artefakt (in diesem Fall das abgestürzte Flugzeugtriebwerk) in sein ursprüngliches Universum zurückzubringen, um zu verhindern, dass »die Welt untergeht«, wie Frank es ihm prophezeit. Ein Akt des Vandalismus an Donnies Schule, bei der eine Axt in einer eisernen Statue versenkt wurde, kann nur von Donnie verübt worden sein, da ihm als lebendem Empfänger besondere Stärke verliehen wurde.

Der manipulierte Tote ist Frank, der Donnie in diversen Visionen erscheint, bevor Donnie später im Film dem (noch) lebenden Frank begegnet, der sich für eine Halloweenparty ein Hasenkostüm angezogen hat. Donnie erschießt Frank, weil dieser aus Versehen die am Boden liegende Gretchen überfahren und getötet hat. Gretchens Tod ist die „sichere Falle“, die Frank Donnie gestellt hat. So bleibt für Donnie, wenn er Gretchens Leben retten will, nur die eine Möglichkeit: Er muss das Artefakt zurück ins Hauptuniversum leiten. Dies kann er nur tun, indem er selbst bei dem Absturz des Triebwerkes getötet wird.

Die manipulierten Lebenden sind alle Nachbarn, Freunde und Verwandte von Donnie. In der Nacht, in der das Triebwerk Donnie tötet, erwachen viele von ihnen aus Alpträumen.

Donnie muss dem Artefakt den Weg zurück in dessen Primäruniversum weisen und kann dies nur tun, indem er sich an die Stelle begibt, an der das Triebwerk einschlagen wird, und sich so selbst opfert.

Das Buch *Die Philosophie des Zeitreisens* verschafft dem Film eine interne Logik, die mit keinem der uns bekannten Zeitreisemodelle übereinstimmt. Lediglich die Tatsache, dass es in DONNIE DARKO mehr als ein Universum gibt, ein Primär- und ein Tangentenuniversum, erinnert an die Vorstellung eines Multiversums. Jedoch ist ein Tangentenuniversum zeitlich begrenzt, da es instabil ist, im Gegensatz zu Parallel-Universen, die unbegrenzt existieren. Die Ereignisse der

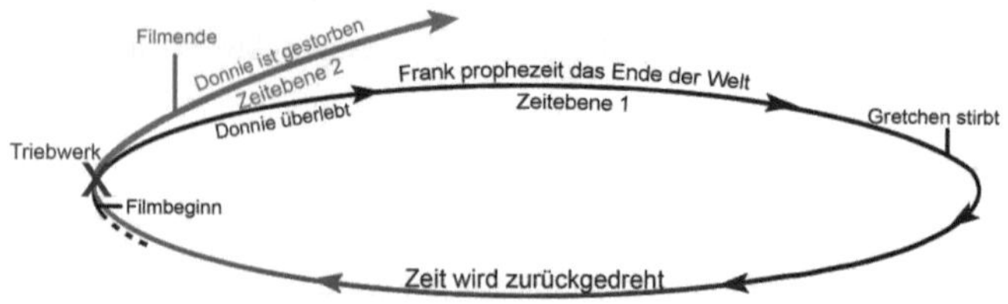

Abb. 35: Zeitreisestruktur in DONNIE DARKO

Handlung werden in DONNIE DARKO in chronologischer Reihenfolge erzählt.

Die Abbildung Nr. 35 illustriert die Zeitreisestruktur in DONNIE DARKO. Die Handlung des Filmes beginnt im Primäruniversum (Zeitebene 1). Durch den Absturz des Triebwerkes (des Artefaktes) öffnet sich das Tangentenuniversum. In diesem Tangentenuniversum (Zeitebene 2) hat Donnie die Visionen von Frank, der ihm das Ende der Welt prophezeit. Nachdem Gretchen stirbt und Donnie Frank erschossen hat, wird die Zeit wieder zur Ausgangssituation zurückgedreht. Donnie stirbt bei dem Triebwerkabsturz, das Tangentenuniversum schließt sich und die Handlung findet wieder im Primäruniversum statt.

Jumanji

Das Fantasy-Abenteuer Jumanji (Joe Johnston, USA 1995) handelt von dem Jungen Alan, der im Jahr 1969 ein merkwürdiges Brettspiel namens Jumanji findet und es mit seiner Freundin Sarah ausprobiert. Das Spiel hat magische Kräfte, und jeder Spielzug bringt eine unangenehme Konsequenz mit sich. Alan wird nach einem Spielzug in das Spiel gezogen und dazu verdammt, so lange im Dschungel zu leben, bis das Spiel beendet wird. Sarah flieht verängstigt. 26 Jahre später finden die Geschwister Peter und Judy, die in das verlassene Haus von Alans Familie einziehen, das Spiel auf dem Dachboden und spielen es. Zusammen mit einem Löwen erscheint der im Dschungel erwachsen gewordene Alan plötzlich im Haus. Alan und die Kinder suchen Sarah auf und gemeinsam beenden die vier das Spiel.

Originaltitel:	Jumanji
Produktionsland:	USA, Kanada
Produktionsjahr:	1995
Dauer:	101 Minuten
Verleih:	Sony Pictures Home Entertainment
Regisseur:	Joe Johnston
Drehbuch:	Greg Taylor, Jim Strain, Chris Van Allsburg, Jonathan Hensleigh
Hauptdarsteller:	Robin Williams (Alan Parrish), Kirsten Dunst (Judy), Bradley Pierce (Peter), Bonnie Hunt (Sarah Whittle)
Produktion:	Scott Kroopf, William Teitler

Nach jedem Spielzug erscheint eine neue Gefahr aus dem Inneren des Spiels. Raubtiere, Überflutungen, giftige Pflanzen und ein mordlüsterner Jäger treiben ihr Unwesen in der Stadt und versuchen

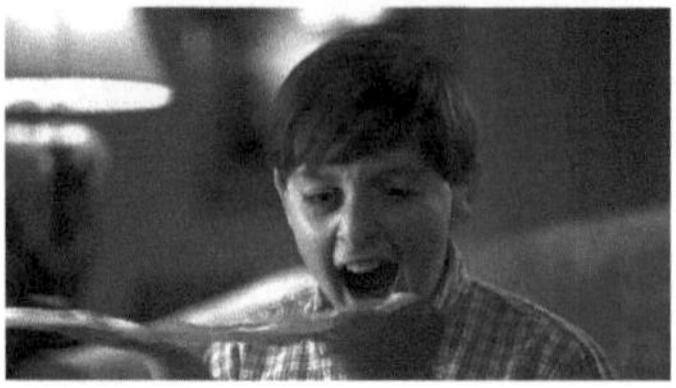

Abb. 36: Alan wird in das Spiel gezogen (Jumanji).

Alan, Sarah, Peter und Judy daran zu hindern, das Spiel zu beenden.

Als Alan die Würfel zum letzten Mal fallen lässt und das Ziel des Spielbrettes erreicht, werden alle Tiere, Menschen und Pflanzen, die aus dem Spiel gekommen waren, zurück in das Spiel gezogen. Die Zeit wird zurück gedreht, bis zu dem Zeitpunkt, an dem Alan und Sarah das Spiel begonnen hatten. Alle Konsequenzen des Spiels wurden rückgängig gemacht. Alan und Sarah, die nun wieder Kinder sind, erinnern sich an alles, was geschehen ist und versenken das gefährliche Spiel in einem Fluss.

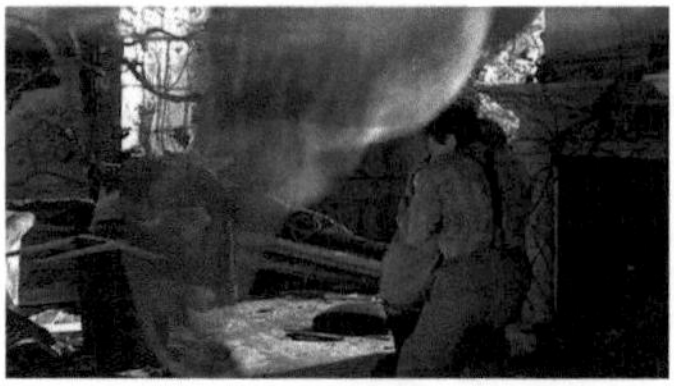

Abb. 37: Die Konsequenzen des Spiels werden zurück in das Spiel gezogen (Jumanji).

Es folgt ein »flash-forward«: 1995 feiern Alan und Sarah, die nun ein verheiratetes Paar sind, eine Weihnachtsfeier. Sie laden die Eltern von Peter und Judy ein, da sie sich wünschen, die Kinder wiederzusehen, auch wenn diese nichts von ihrem Abenteuer in einem anderen Universum wissen können.

Die Spielregeln von Jumanji bewirken, dass die Zeit zurückgedreht wird:

> »Abenteurer passt auf: Beginnt nicht, wenn ihr nicht vorhabt, zu Ende zu spielen. Die aufregenden Konsequenzen dieses Spiels werden verjagt, hast du das Ziel erreicht und Jumanji gesagt.«

Hätten Sarah und Alan das Spiel 1969 umgehend beendet, wäre die Zeitreise kürzer ausgefallen. Die Zeit, die während des Spiels vergeht, ist das Maß, das entscheidet, wie weit die Zeit zurückgedreht wird.

Abbildung Nr. 38 visualisiert die Zeitreisestruktur in Jumanji. Die Handlung beginnt im ersten Universum. Im 19. Jahrhundert vergraben zwei Jungen eine Kiste. 1969 findet Alan zufällig die Kiste und das darin versteckte Spiel. Nachdem er in das Spiel gezogen wird und Sarah flieht, vergehen 26 Jahre, bis Judy und Peter das Spiel finden und es weiterspielen. Als das Spiel 1995 beendet wird, werden alle Konsequenzen des Spiels, somit auch die verstrichene Zeit, rückgängig gemacht. Alan und Sarah reisen in ein Parallel-Universum in das Jahr 1969. Sie werden erwachsen und treffen 1995 erneut auf Judy und Peter.

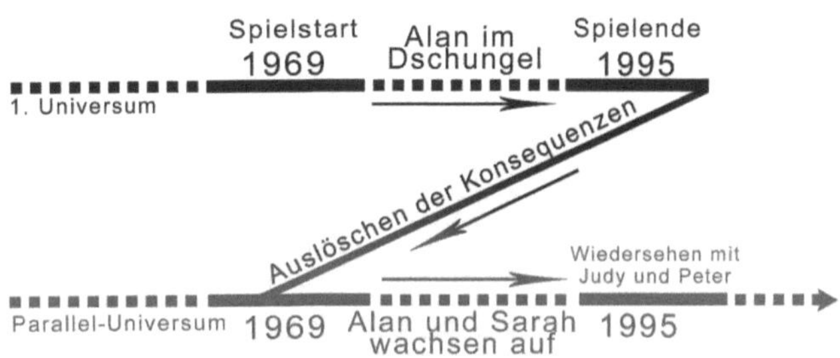

Abb. 38: Zeitreisestruktur in Jumanji

Die Besonderheit der Zeitreise in Jumanji besteht darin, dass das erste Universum aufhört zu existieren, im Gegensatz zum Modell des Parallel-Universums, in dem jedes in sich konsistente Universum bestehen bleibt. Alle Konsequenzen des Spiels werden ausgelöscht, somit auch das Universum, in dem sie stattfanden.

PEGGY SUE HAT GEHEIRATET

Peggy Sue hat sich gerade von ihrem Ehemann Charlie getrennt, nachdem dieser eine Affäre mit einer anderen Frau angefangen hat. Auf einem Klassentreffen, 25 Jahre nach ihrem Schulabschluss, bricht Peggy Sue plötzlich zusammen. Als sie wieder erwacht, befindet sie sich im Körper ihres siebzehnjährigen Ichs. Zu diesem Zeitpunkt ist sie bereits seit zwei Jahren mit ihrem zukünftigen Ehemann zusammen. Sie hat all die Erfahrungen einer erwachsenen Frau und entschließt sich, ihr Leben zu ändern.

Originaltitel:	PEGGY SUE GOT MARRIED
Produktionsland:	USA
Produktionsjahr:	1986
Dauer:	98 Minuten
Verleih:	Sony Pictures Home Entertainment
Regisseur:	Francis Ford Coppola
Drehbuch:	Jerry Leichtling, Arlene Sarner
Hauptdarsteller:	Kathleen Turner (Peggy Sue), Nicolas Cage (Charlie), Barry Miller (Richard), Kevin J. O'Connor (Michael)
Produktion:	Paul R. Gurian, Barrie M. Osborne

Peggy Sue weiß, was die Zukunft für sie bereithält. Mit 18 Jahren wird sie schwanger werden und Charlie heiraten. Ihre anfangs glückliche Ehe wird scheitern. Sie und Charlie werden einander für alles verantwortlich machen, was sie im Leben verpasst haben, und Charlie wird sich schließlich einer anderen Frau zuwenden. Für Peggy Sue ist die Verletzung durch ihren Mann so frisch, dass sie ihren siebzehnjährigen Freund dafür büßen lässt, was er ihr in 25 Jahren antun wird. Sie trennt sich von ihm und verbringt eine Liebesnacht mit dem interessanten Mitschüler Michael, der einmal Schriftsteller werden will. Doch Charlie gibt nicht auf und gesteht Peggy Sue seine Liebe immer wieder aufs Neue.

Peggy Sue wendet sich an Richard, einen sehr intelligenten Mitschüler, von dem sie weiß, dass er einmal ein berühmter Erfinder werden wird. Sie erzählt ihm, dass sie annimmt, eine Zeitreise gemacht zu haben, und er glaubt ihr. Er selbst hat eine eigene Theorie über Zeitreisen entwickelt: Richards Burrito. Richards Theorie besagt, dass die Zeit sich wie ein Burrito krümmen lässt. Dabei berühren sich die Enden des Burrito und bilden eine Verbindung zwischen zwei Zeitebenen. Der Burrito kann laut Richard mit Erinnerungen, Illusionen oder dem gesamten Universum gefüllt sein.

Peggy Sue wünscht sich schließlich, in ihre Zeit zurückzukehren, und es zeigt sich, dass ihr Großvater Mitglied einer Geheimloge ist, deren Aufgabe es ist, verirrte Zeitreisende in ihre Zeit zurückzuschicken. Deus ex machina! Als während des Rituals das Licht ausfällt, entführt Charlie Peggy Sue aus dem Logenraum und gesteht ihr erneut seine Liebe. Er schenkt Peggy Sue ein Medaillon, in dem sich Kinderfotos von ihm und Peggy Sue befinden. Peggy Sue glaubt ihre Kinder zu erkennen und schläft mit Charlie.

Kurz darauf erwacht Peggy Sue in ihrem erwachsenen Körper im Krankenhaus. Charlie ist während ihrer Ohnmacht nicht von ihrer Seite gewichen. Sie erzählt ihm von ihrem merkwürdigen Erlebnis und will es als Traum abtun. Doch Charlie zeigt ihr das Buch, das ihr früherer Mitschüler Michael geschrieben hat. Es enthält eine Widmung für Peggy Sue in

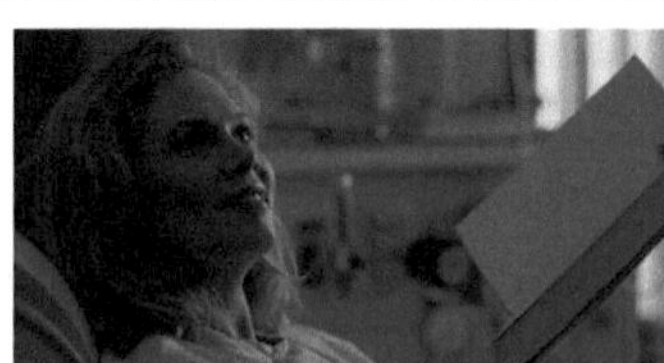

Abb. 39: Charlie zeigt Peggy Sue das ihr gewidmete Buch (PEGGY SUE HAT GEHEIRATET).

Erinnerung an die gemeinsam verbrachte Liebesnacht. Charlie und Peggy Sue versöhnen sich wieder.

Abbildung Nr. 40 zeigt die Struktur der Zeitreise in PEGGY SUE HAT GEHEIRATET.

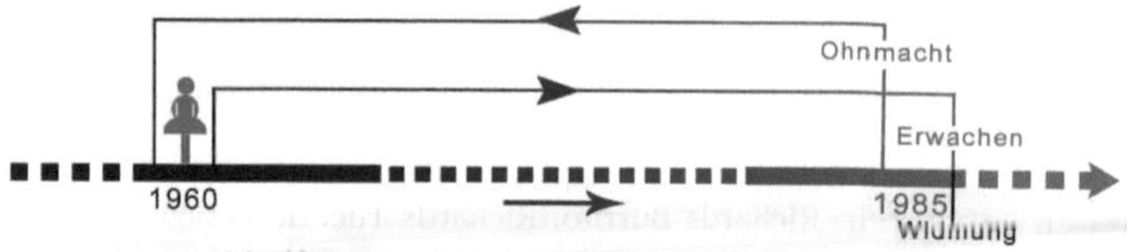

Abb. 40: Zeitreisestruktur in PEGGY SUE HAT GEHEIRATET

Die erwachsene Peggy Sue wird auf ihrem Klassentreffen ohnmächtig. Als sie erwacht, befindet sie sich im Jahr 1960, im Körper ihres siebzehnjährigen Ichs. Ihr Geist jedoch ist der ihres erwachsenen Selbst. Nachdem sie eine Weile im Jahr 1960 verbracht hat, reist Peggy Sues Geist zurück in ihren erwachsenen Körper im Jahr 1985. Ihre Gegenwart hat sich scheinbar nicht verändert. Einzig die Tatsache, dass Michael Peggy Sue sein Buch gewidmet hat, lässt sich als Konsequenz von Peggy Sues Zeitreise deuten. Streng genommen befindet sich Peggy Sue demnach in einem Parallel-Universum. Warum ihr Verhalten in der Vergangenheit keine größeren Veränderungen mit sich bringt, liegt daran, dass die erwachsene Peggy Sue ihren Teenagerkörper wieder verlässt. Von da an hat der Teenager Peggy Sue nicht mehr das Wissen und die Erfahrung seines älteren Ichs und wird ebenso handeln, wie die erwachsene Peggy Sue es in ihrer Vergangenheit getan hat. Wir wissen, dass Peggy Sue im Alter von 18 schwanger wurde und können vermuten, dass die Liebesnacht mit Charlie, die am Ende von Peggy Sues Zeitreise stattfindet, zu ihrer ersten Schwangerschaft führt. Ab diesem Moment steht die Zukunft, wie Peggy Sue sie kennt, fest.

Und täglich grüsst das Murmeltier

Der egozentrische Wettermoderator Phil Connors fährt in eine Kleinstadt, um über die Feierlichkeiten zum Murmeltiertag am 02. Februar zu berichten. Am nächsten Tag erwacht Phil in seinem Hotel und stellt fest, dass wieder Murmeltiertag ist. Er erlebt ein und denselben Tag immer wieder. So lange, bis er der Liebe seiner Kollegin Rita würdig und ein guter Mensch geworden ist.

Originaltitel:	Groundhog Day
Produktionsland:	USA
Produktionsjahr:	1993
Dauer:	101 Minuten
Verleih:	Sony Pictures Home Entertainment
Regisseur:	Harold Ramis
Drehbuch:	Danny Rubin
Hauptdarsteller:	Bill Murray (Phil Connors), Andie MacDowell (Rita)
Produktion:	Trevor Albert

Phil Connors ist in einer Zeitschleife gefangen (siehe Abbildung Nr. 41). Jeden Morgen klingelt der Wecker und es ist wieder der 02. Februar, Murmeltiertag. Zunächst ist Phil verwirrt, dann aber beginnt er seine Freiheit auszukosten. Er kann tun und lassen was er will, denn es gibt kein Morgen und keine Konsequenzen. Er nutzt sein Wissen darüber, wie der Tag ablaufen wird dazu, sich Geld, Frauen und Vergnügungen zu beschaffen. Doch jeder Versuch seine Kollegin Rita zu verführen scheitert. Phils Hochstimmung hält nicht länger an. Er wird depressiv und begeht sogar mehrfach Selbstmord. Doch jedes Mal erwacht er wieder am Morgen des Murmeltiertages.

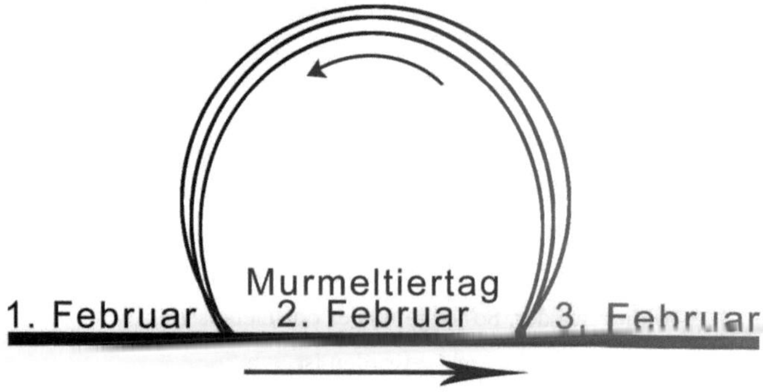

Abb. 41: Zeitreisestruktur in UND TÄGLICH GRÜSST DAS MURMELTIER

Schließlich beginnt Phil sein Verhalten zu ändern. Er setzt sein Wissen über den Murmeltiertag ein, um den Menschen zu helfen. Er nutzt die unendliche Zeit, um sich selbst diverse Fähigkeiten anzueignen, wie Klavierspielen und das Schnitzen von Eisskulpturen. So schafft er es schließlich innerhalb eines Tages, durch die Nutzung seines Wissens und seiner Fähigkeiten Rita für sich zu gewinnen. Endlich erwacht er am Morgen des 03. Februar neben Rita. Die Erzählstruktur in UND TÄGLICH GRÜSST DAS MURMELTIER ist stringent. Der Ablauf des Murmeltiertags ändert sich durch Phils unterschiedliches Verhalten bei jeder Wiederholung, bis die Zeitschleife schließlich endet.

Die Darstellung des Zeitreisemoments

Vergleicht man die Darstellungen des Zeitreisemomentes in Filmen, die in einem selbstkonsistenten Universum spielen, mit denen in Filmen mit Parallel-U-niversen fällt auf, dass es filmästhetische Unterschiede gibt.

Sowohl in HARRY POTTER UND DER GEFANGENE VON ASKABAN als auch in DIE ZEITMASCHINE wirkt die Zeitreise-Visualisierung »natürlich«.

Harry und Hermine stehen im Krankenflügel und um sie herum sind verschwommene Gestalten zu erkennen, die sich sehr schnell rückwärts bewegen. Um die beiden herum wird die Zeit zurückgedreht, ähnlich visualisiert wie ein Video, das zurückgespult wird.

Diese Darstellung des Zeitreisemoments erinnert an die Darstellung des Zeitreisemoments in George Pals DIE ZEITMASCHINE. Der Zeitreisende sitzt in seiner offenen Zeitmaschine und bewegt einen Hebel nach vorne. Während er sich mit seiner Zeitmaschine nicht bewegt, wird das Geschehen in seiner Umgebung »vorgespult«. Je weiter er den Hebel nach vorne schiebt, desto schneller reist er in die Zukunft, und desto schneller verändert sich seine Umgebung.

In beiden Filmen ermöglicht die Ontologie der jeweiligen Realität Zeitreisen. Einmal durch die Entdeckung der Zeit als vierter Dimension und zum anderen durch Magie. In HARRY POTTER UND DER GEFANGENE VON ASKABAN und in DIE ZEITMASCHINE wird die Zeit zurückgedreht, die Zeitreisenden selbst bewegen sich nur durch

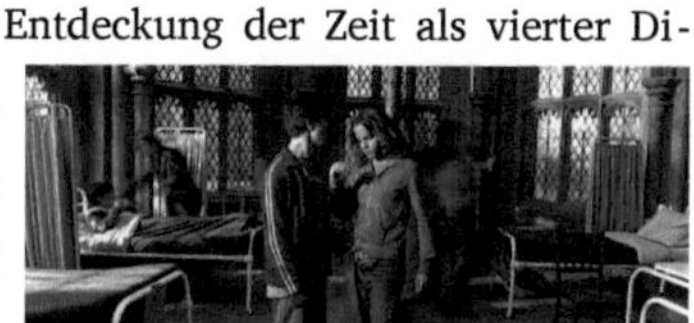

Abb. 42: Harry und Hermine lassen die Zeit zurücklaufen (HARRY POTTER UND DER GEFANGENE VON ASKABAN)

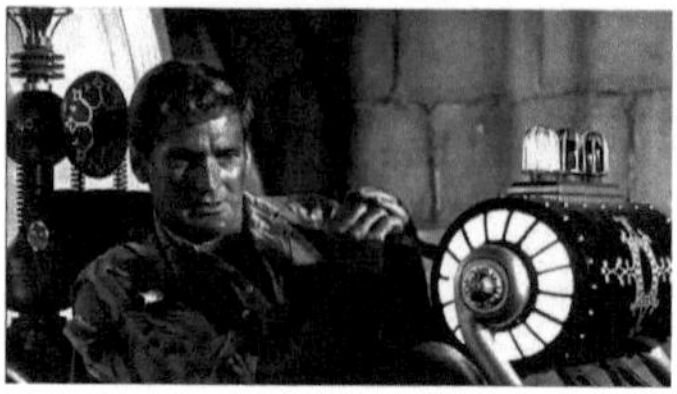

Abb. 43: George betätigt den Hebel seiner Zeitmaschine (Die Zeitmaschine)

die Zeit und nicht durch den Raum. In einem selbstkonsistenten Universum stehen Vergangenheit und Zukunft unabänderlich fest. Man könnte sich also die gesamte Geschichte als unendlich lange Filmrolle vorstellen, die bereits vollständig gefüllt ist. Die Visualisierung des Zeitreisemoments in Harry Potter und der Gefangene von Askaban und Die Zeitmaschine erinnert an das Vor- bzw. Zurückspulen dieser Filmrolle, wobei die Zeitreisenden selbst durch Zeitmaschine und Zeitumkehrer gebunden an ihrem Standort bleiben.

Andererseits kann beispielsweise in Déjà Vu die Zeit, da die Ereignisse nicht festgeschrieben sind, nicht vor- oder zurückgespult werden. Das Verlassen der eigenen Zeit (des eigenen Universums) und das Eintreten in eine andere Zeit (ein Parallel-Universum) werden in Filmen mit Parallel-Universen meist als Sprung dargestellt. So auch in Zurück in die Zukunft I. Marty beschleunigt den DeLorean auf 140 Kilometer pro Stunde, der Sportwagen wird von Blitzen umhüllt und verschwindet aus einer Zeit, um ebenso blitzend innerhalb einer Sekunde wieder in einer anderen Zeit aufzutauchen.

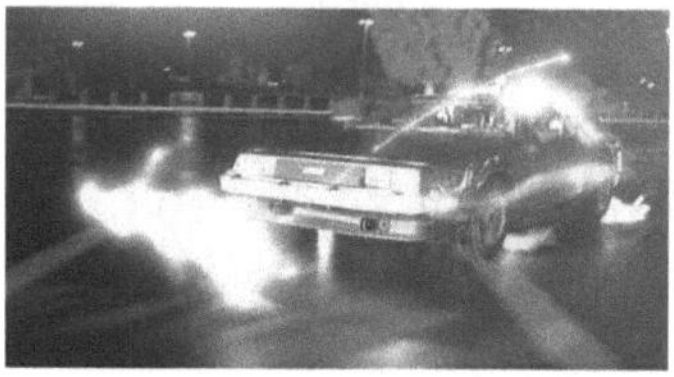

Abb. 44: Die Zeitmaschine unmittelbar vor dem Zeitsprung (Zurück in die Zukunft).

Die Ereignisse, die vor einer Zeitreise in einem Parallel-Universum stattgefunden haben, werden dem Zuschauer nicht wie eine rückwärts laufende Filmrolle präsentiert, da die Ereignisse mit dem Sprung in die Vergangenheit ausgelöscht werden.

Dieses Auslöschen der Ereignisse und die neue Kausalkette in einem Parallel-Universum werden in Butterfly Effect visualisiert. Evans Gehirn wird mit jedem Eintreten in ein neues Universum mit den neuen Erinnerungen überflutet. Alle Ereignisse, die aufgrund seines Eingreifens in der Vergangenheit stattgefunden haben, werden als neue Erinnerungen in Evans Gehirn gespeichert und dem Zuschauer als Zusammenschnitt der vergangenen Jahre präsentiert. Für ihn entsteht mit dem Paralleluniversum eine neue Welt.

Schlussbemerkungen

Nach Bordwell sind Kausalität und Zeit die zentralen Komponenten einer Erzählung[24]. Eine Erzählung ist auf Kausalität, Zeit und Ort aufgebaut.

Die Untersuchung der ausgewählten Filme hat ergeben, dass die von Physikern entwickelten Zeitreisemodelle in Filmen, die von Zeitreisen in die Vergangenheit handeln, großen Einfluss auf die narrative Struktur haben. Dabei ist die konsequente Einhaltung des Zeitreisemodells Voraussetzung für die Erhaltung der Kausalität und Logik innerhalb der Handlung.

Die Besonderheit des selbstkonsistenten Universums liegt in der Möglichkeit, durch Verknüpfung von Zeit- bzw. Handlungsebenen eine Vorschau auf künftige Ereignisse ohne Verlust der Kausalität handlungsintern einzubetten, ohne filmtechnische Mittel wie »flashforwards« anwenden zu müssen.

In Filmen, die ihre Handlung in einem Parallel-Universum ansiedeln, wird die Möglichkeit der Verknüpfung der Zeit- bzw. Handlungsebenen, die nur in einem selbstkonsistenten Universum möglich ist, ebenfalls angewendet. Dabei entstehen meist Logikfehler, da eine Vermischung zweier sich gegenseitig ausschließender Zeitreisemodelle in der Physik nicht denkbar ist. Die Filmwahrnehmung der Rezipienten wird jedoch so manipuliert, dass Logikfehler nicht als solche erkannt werden, da dem Zuschauer durch das Auslösen von »Aha-Erlebnissen« eine logische Verkettung der Ereignisse suggeriert wird. Die Handlung scheint trotz der im Parallel-Universum unmöglichen Verknüpfung von Zeitebenen in sich geschlossen und logisch zu sein.

---

24 David Bordwell, Kristin Thompson: Film Art: An Introduction. 8. Aufl. Boston: McGraw Hill, 2008. S. 75.

Zeitreisen als Motiv in Kinofilmen eröffnen den Filmemachern viele Möglichkeiten, spannende und komplexe Handlungen für die Kinoleinwand zu entwerfen. Besonders die Modelle des selbstkonsistenten Universums und des Parallel-Universums haben eine komplexe Struktur und eignen sich daher besonders gut für die Umsetzung im Film, da »Puzzle-Filme« sich immer größerer Beliebtheit beim Rezipienten erfreuen. Welches Zeitreisemodell als Grundlage für die Zeitreisestruktur fungiert, hat großen Einfluss auf das Endergebnis der Filmproduktion.

Während Filme, die in selbstkonsistenten Universen angesiedelt sind, viele »Aha-Effekte« auslösen können, lassen sie doch keinen Zweifel daran, dass der freie Wille der Protagonisten reine Illusion ist. Die Handlung steht unabänderlich fest, was die Frage nach dem »Was wäre wenn« hinfällig erscheinen lässt. Hätte sich zum Beispiel Harry Potter dagegen entschieden, die Zeitreise anzutreten, hätte er zu diesem Zeitpunkt bereits nicht mehr gelebt, um diese Entscheidung zu treffen, da sein Zeitreise-Ich ihm zuvor ja das Leben gerettet hat. In den wenigen Filmen, die in einem Multiversum spielen, ohne Elemente anderer Modelle einzubeziehen, sind Aha-Effekte eher spärlich gesät, jedoch ist das Ende der Handlung vollkommen offen. Wie oft hätte Evan sein Zeitreisegen noch einsetzen können und wie viele unterschiedliche Leben in diversen Parallel-Universen hätte er noch erlebt? Der freie Wille ist in einem Multiversum zu keiner Zeit eingeschränkt und ermöglicht eine Vielzahl an Handlungsverläufen.

Die Anwendung verschiedener Zeitreisemodelle in Kinofilmen führt zu dramaturgisch-narrativen und philosophisch höchst spannenden Ergebnissen. So wollen wir die Vorausschau wagen, dass uns auch in Zukunft weitere Parallel-Universen und Zeitschleifen auf der Kinoleinwand beschert und wir weiter herausfordert werden, Zeitreisemodelle, Paradoxa und die Frage nach dem freien Willen zu entschlüsseln.

Literatur- und Quellenverzeichnis

Literatur

Bordwell, David; Thompson, Kristin (2008): Film Art. An Introduction. 8. Aufl. Boston: Mc-Graw Hill.

Buckland, Warren (2009): Puzzle Films. Complex Storytelling in Contemporary Cinema. Chichester, West Sussex, U.K.; Malden, MA: Wiley-Blackwell.

Gott, J. Richard (2003): Zeitreisen in Einsteins Universum. Reinbek bei Hamburg: Rowohl-tTaschenbuch-Verlag

Greene, Brian (2004): Der Stoff, aus dem der Kosmos ist. Raum, Zeit und die Beschaffenheit der Wirklichkeit. 1. Aufl. München: Siedler.

Hawking, Stephen W. (1996): Einsteins Traum. Expeditionen an die Grenzen der Raumzeit. Reinbek bei Hamburg: Rowohlt.

Hawking, Stephen W.; Kober, Hainer; Pössel, Markus (op. 2001): Das Universum in der Nussschale. Hamburg: Hoffmann und Campe.

Mühlbeyer, Harald (2010): “Perception is a Strange Thing”. Die Filme von Terry Gilliam. Marburg: Schüren.

Novikov, I. D. (1998): The River of Time. Cambridge: Cambridge University Press.

Filmographie

30 ÜBER NACHT (Gary Winick, USA 2004).

BILL UND TEDS VERRÜCKTE REISE DURCH DIE ZEIT (Stephen Herek, USA 1988).

BUTTERFLY EFFECT (Eric Bress & J. Mackye Gruber, USA 2004).

DÉJÀ VU -WETTLAUF GEGEN DIE ZEIT (Tony Scott, USA 2006).

DIE FRAU DES ZEITREISENDEN (Robert Schwentke, USA 2000).

DIE ZEITMASCHINE (George Pal, USA 1960).

DONNIE DARKO (Richard Kelly, USA 2001).

HARRY POTTER UND DER GEFANGENE VON ASKABAN (Alfonso Cuarón. GB 2004).

IST DAS LEBEN NICHT SCHÖN? (Frank Capra, USA 1946).

JUMANJI (Joe Johnston, USA, Kanada, 1995).

LOLA RENNT (Tom Tykwer, D 1998).

PEGGY SUE HAT GEHEIRATET (Francis Ford Coppola, USA 1986).

PLANET DER AFFEN (Franklin J. Schaffner, USA 1968).

STAR TREK (J.J. Abrams, USA 2009).

TIMELINE (Richard Donner, USA 1999).

UND TÄGLICH GRÜSST DAS MURMELTIER (Harold Ramis, USA 1993).

ZURÜCK IN DIE ZUKUNFT (Robert Zemeckis, USA 1985).

Bildrechteverzeichnis

Abb. 1: Henriette Nagel
Abb. 2: Henriette Nagel
Abb. 3: Henriette Nagel
Abb. 4: Henriette Nagel
Abb. 5: Henriette Nagel
Abb. 6: Henriette Nagel
Abb. 7: Henriette Nagel
Abb. 8: Warner Home Video
Abb. 9: Warner Home Video
Abb. 10:Warner Home Video
Abb. 11: Henriette Nagel
Abb. 12: STUDIOCANAL
Abb. 13: Henriette Nagel
Abb. 14: Henriette Nagel
Abb. 15: Henriette Nagel
Abb. 16: Paramount Home Entertainment
Abb. 17: Paramount Home Entertainment
Abb. 18: Henriette Nagel
Abb. 19: Touchstone
Abb. 20:Touchstone
Abb. 21: Henriette Nagel
Abb. 22: Henriette Nagel
Abb. 23: Warner Home Video
Abb. 24: Warner Home Video
Abb. 25: Concorde Video
Abb. 26: Henriette Nagel
Abb. 27: Universal Pictures
Abb. 28: Universal Pictures
Abb. 29: Henriette Nagel
Abb. 30: Henriette Nagel
Abb. 31:Twentieth Century Fox
Abb. 32: Henriette Nagel
Abb. 33: Warner Home Video
Abb. 34: Ascot Elite Home Entertainment GmbH
Abb. 35: Henriette Nagel
Abb. 36:Sony Pictures Home Entertainment
Abb. 37: Sony Pictures Home Entertainment
Abb. 38: Henriette Nagel
Abb. 39: Sony Pictures Home Entertainment
Abb. 40: Henriette Nagel
Abb. 41: Henriette Nagel
Abb. 42: Warner Home Video
Abb. 43: Warner Home Video
Abb. 44: Universal Pictures

Weitere Veröffentlichungen des Verlags:

Andreas Köhnemann: Liebe in alle Richtungen. Sexuell ambivalente Dreiecksbeziehungen im Film

232 Seiten, zahlr. Abb.
E-Book: 14,99 Euro, Print: 17,90 Euro

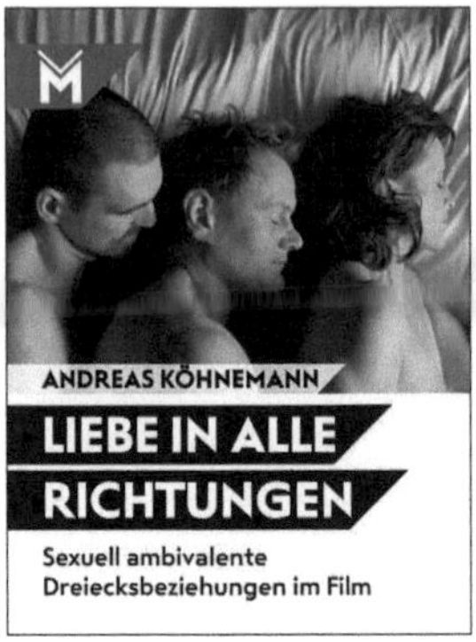

Seit jeher ist *boy meets girl* die Prämisse der Liebesfiktion – doch welche dramaturgischen und ästhetischen Herausforderungen ergeben sich, wenn es nicht (nur) um das Glück zu zweit, sondern zu dritt geht? Wenn die Liebe im Figuren- und Beziehungsdreieck in alle Richtungen verläuft und somit eine sexuelle Ambivalenz ins Spiel kommt? Wenn deshalb die Standards des Liebesfilms nicht mehr ausreichen?

Moritz Rosenthal: Das Monster im Blick. Repräsentationen des Weiblichen im Horrorfilm.

96 Seiten, einige Abb.
E-Book: 9,99 Euro, Print: 12,90 Euro

Monster bahnen sich blutige Schneisen durch weibliche Körper, die Frau muss als Leinwand für Grausamkeiten herhalten. Doch ist der Horrorfi lm tatsächlich bloß ein blutiges Körperspektakel mit eindeutiger Rollenverteilung? Mit seinen Fragen nach Genre und Gender kann das Buch auch als Einführung in die Thesen von Laura Mulvey, Linda Williams, Carol J. Clover, Julia Kristeva und Barbara Creed dienen.

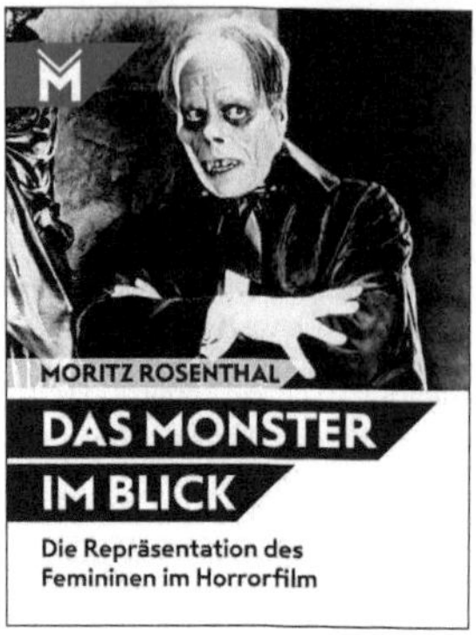